英作文
FIRST
PIECE

USEFUL IDEAS AND KEY SENTENCES
FOR BETTER WRITING IN ENGLISH
TO PASS THE UNIVERSITY ENTRANCE EXAMS

河合塾講師
宮下卓也

Gakken

「英作文が苦手だけど，どうやって勉強すればいいかわかりません」
「模試の英作文で書けたと思ったら，意外と減点されていました」
「英作文は，英文を覚えたほうがいいんですか？」

これらは，私が予備校でよく受ける相談や質問です。英作文では，与えられた日本語を知っている英語に直すだけでは不十分です。英語の語順や文の構造に沿う形で正しい文を書く必要があります。

では，どのように対策をすればいいのでしょうか。入試英作文の対策として最も大切なのは，「減点されない」答案を書くことです。別の言い方をすると，「正しいとわかっている」答案を書くことです。そのためには，発想のコツが必要です。本書では，英作文を書く時の発想法について「LESSON 00」という形で記しました。「LESSON 00」で学ぶ発想法は，LESSON 01以降のすべての章，そして入試本番でも使う発想法です。この発想を常に意識し，迷ったらここに戻ってきてください。発想法を身につけたら，次は「基本表現を頭に入れる」ことと「基本表現を使えるようにする」ことが必要です。とはいえ，基本表現をいきなり覚えていくのはややハードルが高いと感じられる人もいるでしょう。

本書では，各LESSONの冒頭に **WARM UP!** 問題を用意しました。まずは，この整序英作文に取り組み，完成した英文（以下「キーセンテンス」と呼びます）で基本表現を確認しましょう。解説には「受験生が間違いやすいポイント」を示してあります。これは，もしそこで間違えていた場合，修正するだけで周りと差をつけられる「得点直結ポイント」でもあります。積極的にチェックするようにしましょう。**WARM UP!** で基本表現に関する知識を無理なく頭に入れたあとは，練習問題を通じて，キーセンテンスを使う実戦的な練習をしてもらいます。練習問題には実際の入試問題も入れました。中には少し難しい問題も入っていますが，キーセンテンスを使う練習だと思い，挑戦してみてください。各LESSONの終わりには，各分野の重要基本表現から厳選した関連表現も載せています。キーセンテンスや関連表現はすべて入試頻出のものを厳選しましたから，安心して覚えてください。表現できる幅が確実に広がります。

本書を使って，英作文を得点源にしましょう！

宮下卓也

もくじ CONTENTS

本 書 の 使 い 方

本書は，大学入試に出題される英作文に挑む際に，最初に押さえておきたい発想法と暗唱例文をまとめて学習できる参考書です。和文英訳では，日本語を「直訳」しただけでは解けない問題も多々あります。英文を書く際は，日本語を「かみ砕き」，自分が使いこなせる英文で答案を書くことが重要です。日本語のかみ砕き方を押さえたうえで，キーセンテンスをインプットし，練習問題ですぐにアウトプットすることができます。英作文の入門の書であり，これ1冊で英作文の基礎力がしっかり身につく完成の書である，それが本書『英作文 FIRST PIECE』です。

本書で使用する記号

S…主語　V…動詞　O…目的語　C…補語

1　ポイントをつかみ，整序英作文でウォームアップ！

● 各LESSONのポイント

英作文で問われる日本語表現をもとに25個の LESSON を設定しています。冒頭の**WHAT TO LEARN**で各章におけるポイントを押さえ，学習をはじめましょう。

● 整序英作文にチャレンジ！

ポイントを把握したところで，日本語を英語でどう表現するか，整序英作文でウォームアップをします。日本語と英語の違いに注目して問題を解いてみましょう。

2 英作文に使える表現をインプット!

● 英作文に活用できる
「キーセンテンス」

各LESSONのメインとなるキーセンテンスです。WARM UP!の解答でもあるので, 自分の解答が合っていたかどうかも確認しましょう。

● 読み上げ音声つき

キーセンテンスの英文を読み上げた音声を用意しています。

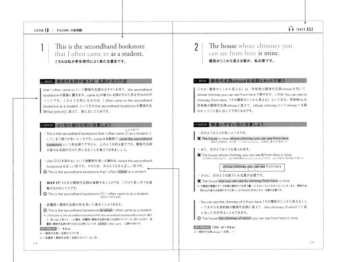

● 合格する英作文を書くための
ポイント解説

BASICSではキーセンテンスで扱われる文法事項や, 日本語から英語にする際の「かみ砕き」発想法, 英作文を書くためのコツなどを解説しています。STEP UP!では著者の膨大な添削経験に基づき, 受験生が間違いやすいポイントを中心に解説しています。

● ネイティブスピーカーと
練り上げた豊富な例文

キーセンテンス以外にも, 解説中には豊富な例文を掲載しています。すべて著者とネイティブスピーカーが相談して練り上げた, 使える英文です。

3 練習問題でアウトプット！

● 厳選された練習問題

各LESSONの **WARM UP!** で身につけた英文を駆使すれば書く
ことができる英訳問題を3問収録しています。3つ目の問題は
大学入試で実際に出題された過去問を掲載しています。

● 読み上げ音声つき

解答例の英文を読み
上げた音声を用意し
ています。

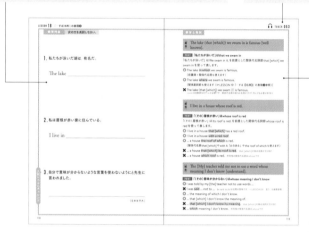

● 減点ポイントがわかるコンパクトな解説

右ページには，解答例のほか，○，×の形で別解や受験生がつまずきやす
いポイントを解説しました。入試などで減点の対象となるポイントを押さえましょう。

音声ダウンロードについて

本書の 🎧 **TRACK** マークがあるペー
ジについては対応した無料音声を用
意しています。右の2通りの方法で
音声をご利用いただけます。

https://
gakken-ep.jp/
extra/myotomo/

1. **音声再生アプリ『my-oto-mo』
で再生する場合**

❶ 左のQRコードをスマホやタブレット端
末から読み込むか，URLにアクセスし，
アプリをインストールします。

❷「すべての書籍」から『英作文
FIRST PIECE』を選択し，音声をダ
ウンロードしてください。

+α 関連表現をインプット！

● **読み上げ音声つき**
英文を読み上げた音声を用意しています。

WARM UP! や練習問題で学んだ知識を定着させ，表現の幅をさらに広げるため，各LESSONの重要基本表現をポイントとともに掲載しています。

● **合格する英作文を書くためのキーセンテンス225**
巻末には，本書の **WARM UP!**，練習問題，関連表現で扱った全225の英文が一覧できるコーナーを設けています。本書では和文英訳をベースにしてきましたが，習得した例文は和文英訳のみならず，自由英作文，会話などにも応用可能な，英語表現の基本となるものばかりです。音声にも対応していますから，音声を活用してこのコーナーに取り組み，英語力の確かな土台をつくりましょう。

---

2. MP3形式の音声ファイルで再生する場合

❶ 左のQRコードまたはURLから専用サイトにアクセスします（音声再生アプリのページと同じ）。

❷ アプリのインストールへ進まずに，ページ下方の【高校】から『英作文 FIRST PIECE』を選択し，音声ファイルをダウンロードしてください。

※ iPhone からのご利用にはApple ID, Androidからのご利用には Googleアカウントが必要です。
※ アプリケーションは無料ですが，通信料は別途発生します。
※ その他の注意事項はダウンロードサイトをご参照ください。

【ご利用の注意点とお問い合わせについて】
お客様のネット環境およびスマホやタブレット端末の環境により，音声の再生やアプリの利用ができない場合，当社は責任を負いかねます。また，スマホやタブレット端末やプレーヤーの使用方法，音声ファイルのインストールおよび解凍，転送方法などの技術的なお問い合わせには対応できません。ご理解をいただきますようお願いいたします。

LESSON
00
英作文の発想法

WHAT TO LEARN

この章では，これから英作文の勉強を進めるうえで是非とも知っておいてほしいことを確認します。英作文問題を解く際の視点として，すべてのLESSONで問題となることですから，この機会に丁寧に確認しておきましょう。

英作文≠「日本語をそのまま英語にする」

英作文の問題で受験生がひっかかってしまいがちなのが，「直訳のワナ」です。例えば，次の問題を見てください。

> 問題 **次の日本文を英語にしなさい。**
>
> その会社の売り上げは，うなぎのぼりだ。
>
> _____

この日本語を英語にするとき，「直訳する」ことしか頭にないと，次のような文を書いてしまいます。

✘ The company's sales are eel climbing.

「うなぎのぼり」は「うなぎ」がeelで，「のぼり」は「のぼること」だから

climbing だと考えたのかもしれません。しかし，この英文では当然，点数がもらえませんね。何が問題なのでしょうか。そう，文の意味を考えずに，ただ直訳してしまったのが問題なのです。「うなぎのぼり」というのは日本語の慣用表現ですから，そのまま直訳しても英語では全く意味が通じません。「うなぎのぼり＝eel climbing」というような考え方を捨てなくてはいけません。

では，どうすればよいのでしょうか。まずは「うなぎのぼり」という慣用句が表す意味を考え，その意味を自分の使いこなせる英語を使って表す必要があります。例えば，「うなぎのぼりだ」という日本語を「急激に増えている」と考えれば，「…が増えている」というおなじみの表現を使って書くことができます。

解答 The company's sales are rapidly increasing.

ここでは慣用句を例に出しましたが，それ以外の表現でも，与えられた日本語を直訳すると不自然になってしまうことがよくあります。そのような場合は，日本語をかみ砕いて「英語にしやすい日本語」にし，それを英語にすることが大切です。本書を通して，このことを意識するようにしましょう。

■ 難しい名詞表現は節で考えよう

名詞を使った表現というのは，適切な英語にするのが難しいものです。例えば，次の問題を見てください。

問題 次の日本文を英語にしなさい。

あなたの朝食の内容を教えてください。

_____

「朝食の内容」という日本語は，英語では何と言うのでしょうか。「内容」はcontents ですから，the contents of breakfast でしょうか。しかし，contents という単語を朝食の内容を表す際に使えるのかどうか，また，そもそも content

にsをつけるべきかどうか，いまいち確信が持てないこともあるでしょう。試験でそのような確信が持てない表現を使うと，減点されてしまうリスクがあります。そんなときは，「節を使う」という方法で切り抜けましょう。「節を使う」とは，「SがVする」という表現を使うことを意味します。例えば，「朝食の内容」の場合は，「あなたが朝食に食べたもの」「あなたが今朝食べたもの」のように言い換えることができます。

> **解答** Tell me what you ate for breakfast.
> **別解** Tell me what you ate this morning.

このように，名詞を英語にするのが難しいときは，「節を使う」という発想で乗り切ることができます。ここでのポイントは，「確実に知っている表現」や「減点されないと確信が持てる表現」を使うということです。例えば，You ate A for breakfast.「あなたは朝食にAを食べた」やYou ate A this morning.「あなたは今朝Aを食べた」が減点されないと確信が持てる表現の場合，これを使ったwhat you ate for breakfast や what you ate this morning も減点されないと確信を持てるわけです。詳しくは☞ LESSON 10，LESSON 11で学習します。

主語を変えてみよう

主語を変えることで，一気に書きやすくなることもあります。例えば，次の問題を見てください。

> **問題** 次の日本文を英語にしなさい。
>
> 20歳の人が3人に1人を占めている。
>
> _____

この問題は，「20歳の人」を主語にして書こうとすると，やや難しくなってしまいます。また，「占めている」を英語にするとき，occupy「占める」という単語

を使えない点も，この問題の難しいポイントです。「占めている」を英語にするには，account for ... という表現を使います。受験生の中には occupy「占める」という単語を使ってしまう人も少なくありませんが，同じ「占める」でも，occupy は場所などを「占める」ときに使われ，割合を「占める」ときには使いません。「同じ」日本語で訳すことができる英語であっても，場面によって使えたり使えなかったりしますから，注意が必要です。失点を防ぐためには，自分が「確実に知っている表現」を使い，「自信のない表現」は極力使わないようにすることが大切です。

さて，左の問題に話を戻しましょう。「占める」という表現に自信が持てないとき，どうすればよいでしょうか。オススメは，主語を変えてみることです。「20歳の人」ではなく，「3人に1人」を主語にして書いてみるわけです。すると，「3人に1人が20歳である」という文に書き換えることができます。「…が20歳である」は，「私は18歳だ」のような文と同じように考えることで，容易に書くことができますね。もし，「3人に1人」という表現がわからないときは，「3分の1の人」のように，自分が知っている表現に置き換えて書いてみましょう。

解答 One out of three people is 20 years old.
別解 A third of the people are 20.

このように，自分が「確実に知っている表現」を考え，日本語自体を書き換えてから英語にすることで，たとえどんなに難しい日本語が出てきても英語に変えることができるようになります。このとき，「主語を変える」という手法はとても役に立ちます。ぜひ，できるようになりましょう。

表現を覚えることで，表現の幅とスピードを身につけよう

ここまでは，自分が「確実に知っている表現」で書くことの大切さについて見てきました。一方で，「確実に知っている表現」の幅を広げておくことも，英作文の学習として有益です。手持ちのカードは多ければ多いほどいいわけです。次の問題を見てください。

問題 次の日本文を英語にしなさい。

彼女は，使い捨て文化で環境が破壊されて，ゴミの量が地球規模で増えることを心配していたんだよ。 　　　　　　　　　　　　　　　　　　　　　　（名古屋大）

この問題は，「使い捨て文化で環境が破壊されて」の部分に，「使い捨て」という難しい名詞が含まれています。しかし，「人々がものをすぐに捨ててしまうこと」のように，節を使うという発想の転換をすることで，この部分全体を「人々がものをすぐに捨ててしまう文化によって，環境が破壊されて」のように考えることができます。ここまで来れば，あとは簡単です。「…文化」の部分は，関係代名詞（☞ LESSON 18参照）を使って書くことができますし，「…によって環境が破壊される」は受動態（☞ LESSON 04参照）の典型表現です。さらに，「…の量が増える」も典型表現です（☞ LESSON 08参照）。

LESSON 18「… する【名詞】」の表現❷

LESSON 04「される」の表現

解答 She was worried that the environment would be destroyed by the culture in which people throw things away easily and the amount of garbage would increase all over the world.

LESSON 00英作文の発想法 —— LESSON 08「増える」「減る」の表現

このように，比較的難しい大学入試問題も，その多くが典型表現です。本書では，各LESSONの **WARM UP!**，「練習問題」，「関連表現」に，使用頻度の非常に高い典型表現を含む225文を厳選して収録しました。これらの表現をコツコツと覚えていくことで，表現の幅は確実に広がります。典型表現を覚えることは，試験本番での時間短縮にもつながりますから，節約した時間を長文問題に回すことができ，一石二鳥です。ぜひ，1つひとつ覚えていきましょう！

LESSON

01

「言う」
の表現

WHAT TO LEARN

この章では，【伝達】の表現を学習します。日本語の「言う」にあたる英語は say / tell / talk / speak など，さまざまです。これらの使い分けが問題になる場面について，形に着目しながら確認しましょう。

WARM UP!　日本文に合うように，(　　　)内の語(句)を並べかえなさい。

1

スマートフォンは全世界で普及していると言われている。
*1語(句)不要

Smartphones (common / all over / are / that / to / be / said) the world.

2

子どもたちは宿題をするよう親から言われる。　*1語(句)不要

Children (are / said / told / their homework / to / do / by) their parents.

VOCABULARY

1 ▶ 全世界で all over the world　▶ 普及している common

2 ▶ 宿題 homework

1 | Smartphones are said to be common all over the world.

スマートフォンは全世界で普及していると言われている。

▶ BASICS 「…すると言われている」の表現は３つある

S is said to *do* の形を使い，「Sが…すると言われている」という日本語を表すことができます。スマートフォンが「普及している」ことを表すには common を使うのが一般的です。また，It is said that S V ... という形を使うこともできます。この形を使えば，It is said that の後ろに文をそのまま置くだけで英文を作れるので便利です。

⦿ It is said that smartphones are common all over the world.

さらに，「Sが…すると言われている」の主語を変えることもできます。つまり，「人々はSが…すると言う」のように人を主語にすることで，次のような形になります。なお，「人々」は People 以外にも They を使うことができます。

例 People [They] say that smartphones are common all over the world.
　人々はスマートフォンが全世界で普及していると言っている。

▶▶STEP UP! 間違いやすい形に注意しよう

・Smartphones are said that ... としてしまう誤りがとても多いところです。しかし，そもそもこのような形はありません。注意しましょう。

・「Sが…すると言われている」の「言われている」の部分を「報じられている」や「信じられている」のように変えることで，さらに表現の幅を広げることができます。

例 Smartphones are reported [believed] to be common all over the world.

例 It is reported [believed] that smartphones are common all over the world.

KEY PHRASES 「Sが…すると言われている」
S is said to *do* / It is said that S V ... / People [They] say that S V ...

2 | Children are told to do their homework by their parents.

子どもたちは宿題をするよう親から言われる。

▶ BASICS 「…するよう言われる」は「…するよう言う」の受動態

「…するよう親から言われる」は「…するよう親によって言われる」というのと同じ意味です。そこで，B is told to *do* by A「Bは…するようAによって言われる」という形（A tells B to *do*「AはBに…するよう言う」という表現を受動態にした形）を使って表します。

また，主語を「子ども」から「親」に変えてしまえば，能動態で書くことができるため，受動態に変換するときにミスが起きるといったこともなくなり，書きやすくなります。

例 Parents tell their children to do their homework.
　　親は子どもたちに勉強をするよう言う。

▶▶ STEP UP! 似た形との使い分けに注意しよう

・Children are said to ... としてしまう誤りが多いところです。**WARM UP! 1**で見たように，S is said to *do* は「Sが…すると言われている」という【伝聞】の意味を表し，「みんながそう言っている」という場面で使います。一方で，A is told to *do* は「Aが…しろと言われている」や「Aが…しろと命令されている」といった場面で使いますので，区別しておく必要があります。

・homeworks としてしまう誤りもちらほら見られます。homework は「数えられない名詞」ですから，複数形にしたり，冠詞の a をつけたりすることができないこともこの機会にチェックしておきましょう。

KEY PHRASES 「BはAに…するよう言われる」
A tells B to *do* / B is told to *do* by A

練習問題　次の文を英訳しなさい。

1. この城はその国で一番古いと言われている。

_____

2. 私は先生からもっと一生懸命勉強するよう言われた。

_____

入試レベルにチャレンジ

3. この変化は地球温暖化が原因だと言われている。

_____

（日本女子大）

解答と解説

<small>［解答］</small> The castle is said to be the oldest in the country.

POINT 「Sは…と言われている」はS is said to do

The castle を主語にする場合，動詞を is said to be という形にします。「その国で一番古い」は最上級を使って the oldest in the [that] country で表せます。

✖ The castle is said that ... <small>このような形はありません</small>

⭘ It is said that the castle is the oldest in the country.

⭘ People [They] say that the castle is the oldest in the country.

（It is said that ... や People [They] say that ... も使えます）

<small>［解答］</small> I was told to study harder by my teacher.

POINT 「…するよう言われる」はbe told to do

I を主語にして，be told to do の形を使います。「言われた」のは過去のことなので，was told to do の形にします。「もっと一生懸命」は「より一生懸命」というのと同じ意味です。hard「一生懸命に」を比較級にした harder を使います。

⭘ My teacher told me to study harder.

（主語を変え，「先生が…するよう言った」と能動態 tell O to do で書くこともできます）

✖ I was told to study more hard ... <small>hardの比較級はharderです</small>

✖ I was told to study hardly ... <small>hardly は「ほとんど…ない」という意味です</small>

<small>［解答］</small> This change is said to be due to global warming.

POINT 「Sは…すると言われている」はS is said to do

「…が原因だ」は be due to ... や be because of ... を使います。また，「…によって引き起こされる」と考えれば be caused by ... も使えます。「地球温暖化が原因だ」は because the temperature of the earth is [has been] rising や because the earth is [has been] becoming hotter と言うこともできます。

✖ This change is said that ... <small>このような形はありません</small>

⭘ It is said that this change is because of global warming.

⭘ People [They] say that this change is caused by global warming.

（It is said that ... や People [They] say that ... も使えます）

関連表現

---

1 最寄り駅までの道を教えてくれませんか。

Would you tell me the way to the nearest station?

POINT 「道を教える」は**tell me the way**

・道を「示して」教えるときは show me the way を使います。

---

2 彼は友人たちと来月の旅の計画について話し合った。

He talked with his friends about the plan for the trip next month.

POINT 「友人と話す」は**talk with [to] his friends**

・「…について話す」は talk about [of] ... を使います。

---

3 彼女は話しかけられない限りめったに他人と話さない。

She seldom speaks with others unless she is spoken to.

POINT 「話しかけられる」は**be spoken to**

・「めったに…ない」は seldom や rarely を使います。

・「…しない限り」は unless S V ... を使います。

・「他人と話す」は speak with others を使います。

---

4 彼は警察にスマートフォンを電車に忘れたと説明した。

He explained to the police that he (had) left his smartphone behind on the train.

POINT 「警察に…と説明する」は**explain to the police that S V ...**

・tell を使う場合は, told the police that S V ... となります。

・「スマートフォンを忘れた」は「スマートフォンを置いてきた」と考え, left his smartphone behind を使います。

 「言う」の表現は, 大学入試の和文英訳で頻出です。まぎらわしい表現を区別して, 正確な形を使えるようにしておきましょう。

02

「見える」「聞こえる」の表現

この章では,【知覚】の表現を学習します。「…に見える」という表現は,look という動詞を使って表すことができますが,その際は「見る」という意味の look とはっきりと区別する必要があります。日本語と英語の関係がやや複雑に見えるところですから,主語と動詞の関係を丁寧に確認しましょう。

WARM UP!　日本文に合うように,(　　　)内の語(句)を並べかえなさい。

1　最初,その先生は厳しそうに見えたが,優しかった。　＊1語(句)不要

At first, the teacher (strict, / kind / turned out / looked / was / to be / but / he).

2　彼女には,猫が庭に入っていくのが見えた。　＊1語(句)不要

She (looked / a cat / into / going / saw) the yard.

VOCABULARY

1 ▶ 最初 at first
2 ▶ 庭 yard　▶ …に入る go into ...

1 | At first, the teacher looked strict, but he turned out to be kind.

最初，その先生は厳しそうに見えたが，優しかった。

▶ BASICS 「…に見える」は見た目に着目した表現

「先生は…に見えた」の部分は，look ...「…に見える」の形を使います。「...」の部分には形容詞を置くことができますから，look strict で「厳しく（厳しそうに）見える」という意味を表すことができます。look ... の形は「見た目」について説明する表現です。「…のようだ」「…に思える」のように言いたいときは，seem (to be) ... の形を使います。seem ... は見た目だけでなく，その他広い意味で「…のようだ」と言いたいときに使える便利な表現です。

例 The problem seems (to be) easy to solve.
その問題は解きやすそうに思える。

なお，「優しかった」の部分は，「（結果として）優しいとわかった」という意味ですから，turn out to be ...「…だとわかる」を使います。

▶▶ STEP UP! 間違いやすい形に注意しよう

・The teacher was looked ... や The problem is seemed (to be) easy ... のように，受動態の形にしてしまう誤りが多いところです。しかし，そもそもこのような形はありません。注意しましょう。

・「…に見える」の「…」の部分を名詞にしたいときは，look like ... の形を使うことができます。

例 The island looks like a human face.
その島は人間の顔のように見える。

・「…に聞こえる」は，sound ... や sound like ... の形を使って表すことができます。

例 The party sounds fun.
そのパーティは楽しそうに聞こえる（楽しそうだ）。

例 This machine sounds like a car.
この機械は車のような音がする。

KEY PHRASES 「…に見える［思える／聞こえる］」
look [seem / sound] (like) ...

2 | She saw a cat going into the yard.
彼女には，猫が庭に入っていくのが見えた。

▶ BASICS 「1コマ」を見た場合と「一部始終」を見た場合

「O が…するのが見える」は, see O *doing* の形を使って表せます。この表現は, 猫が庭に入っていく「ほんの1コマの場面」を見かけたようなときに使います。一方で, 猫が庭に入っていく「一部始終」を見たような場合には, see O *do* の形を使います。

例 She saw a cat go into the yard.
彼女には，猫が庭に入るのが見えた。

▶▶STEP UP! 知覚動詞は後ろの形に注意しよう

・She saw a cat to go into ... としてしまう誤りが多いところです。see は知覚動詞に分類され, このような形（to *do* の形）をとらないため, 注意が必要です。

・知覚動詞には他にも, hear「聞く」, feel「感じる」などがあります。これらも see と同じ形をとりますから, この機会に確認しておきましょう。

例 He heard birds sing [singing] in the woods.
彼は森で鳥がさえずる［さえずっている］のを聞いた。
例 She felt the boat rock [rocking].
彼女は船が揺れる［揺れている］のを感じた。

KEY PHRASES 「Oが…する［…している］のを①見る，②聞く，③感じる」

| ① see |
| ② hear | + O + *do* [*doing*] |
| ③ feel |

【知覚動詞】

練習問題　次の文を英訳しなさい。

1. 私の父は2年ぶりに飼い犬と会って，嬉しそうに見えた。

_____

2. 私は浜辺で太陽が昇るのを見た。

_____

入試レベルにチャレンジ

3. たしかに，私の兄さんは大学生だけど，家で勉強しているのを
見たことがないわ。

_____

（滋賀大）

解 答 と 解 説

> 解答 My father looked happy when he saw his dog for the first time in two years.

POINT 「…に見えた」はlooked ...

「嬉しそうに見えた」はlooked happyやlooked pleasedを使います。「会って」は「会った時に」や「会ったので」と考え，when he sawやbecause he sawを使います。「2年ぶりに」はfor the first time in two yearsという頻出表現を使います。

⭕ ... looked happy to see his dog for the first time in two years.

（感情の原因・理由を表すto seeを使うこともできます）

- -

> 解答 I saw [watched] the sun rise [rising] on the beach.

POINT 「Oが…するのを見る」はsee O do [doing]

see O do [doing] の形を使うのがポイントです。「見た」はsaw以外にも，watchedが使えます。watchは動くものをじっと見るときに使いますから，太陽が動いている本問のような状況ではぴったりです。「昇る」は一部始終を見ていたと考えれば原形のriseを使い，ほんの1コマを見たと考えればrisingを使います。

❌ I saw the sun raise ... raiseは「上げる」という意味です

❌ I watched the sun raising ... raiseは「上げる」という意味です

⭕ On the beach, I watched the sun rise.

（on the beachは文頭に置くこともできます）

- -

> 解答 Certainly, my brother is a college [university] student, but I've never seen him studying at home.

POINT 「Oが…しているのを見る」はsee O doing

「（彼が）勉強しているのを見る」はsee him studyingを使います。「見たことがない」は，現在から振り返って「これまでに（一度も）見たことがない」と考え，現在完了のhave never seenを使います。

⭕ It is certain that my brother is ...

（「たしかに」はIt is certain that S V ... の形も使えます）

⭕ ..., but I haven't seen him studying at home.

（haven't seenを使うこともできます）

関連表現

---

1 彼女はまるで何日も寝ていないような顔をしていた。

She looked as if she hadn't slept for days.

POINT 「寝ていないかのような」は**as if she hadn't slept**

・as if S had *done* で「…したかのような」の意味を表します。

・「何日も」は for days や for many days を使います。

---

2 メアリーは待合室で自分の名前が呼ばれるのを聞いた。

Mary heard her name called in the waiting room.

POINT 「名前が呼ばれるのを聞く」は**hear her name called**

・hear O *done* で「O が…されるのを聞く」の意味を表します。

・病院や駅などの「待合室」は waiting room，空港などの「待合室」は lounge を使います。

---

3 その学生たちは，環境を守るために何かをする必要があると気づいた。

The students realized that they should do something to protect the environment.

POINT 考えた結果「気づく」のは**realize**

・見たり聞いたりして「気づく」場合は，notice を使います。

・「環境を守る」は protect the environment を使います。

---

4 彼はその数学の問題が意外と簡単だとわかった。

He found the math problem surprisingly easy.

POINT 「数学の問題が簡単だとわかる」は**find the math problem easy**

・find O C で「O が C だとわかる」の意味を表します。

・「意外と」は surprisingly を使います。

 「見える」「聞こえる」の表現は，和文英訳のみならず自らの体験を述べる自由英作文でも頻出です。基本的な文を書けるようにしておきましょう。

「させる」
の表現

WHAT TO LEARN

この章では,【使役】の表現を学習します。日本語の「…させる」を英語で表現するときは,さまざまな言い方をすることができます。どのような場面でどの表現を使うのかを整理しておくことが大切です。

WARM UP! 日本文に合うように,(　　　)内の語(句)を並べかえなさい。

1 その男性は従業員たちを1日中働かせた。

The man (the employees / made / work) all day long.

2 その女性は弟に家の壁を塗ってもらった。

The woman (the wall / paint / had / her brother) of her house.

VOCABULARY

1 ▶ 従業員 employee ▶ 1日中 all day long

2 ▶ 壁 wall ▶ …を塗る paint

1 | The man made the employees work all day long.

その男性は従業員たちを1日中働かせた。

▶ **BASICS** 強制の意味を持つ「…させる」の表現

「O に…させる」は make O do を使って表すことができます。これは特に，「強制的にさせる」場合に使います。同じような意味は, force O to do 「O に強制的に…させる」を使って表すこともできます。

The man made the employees work all day long.

≒ The man forced the employees to work all day long.

※ workとto workの使い分けに注意しましょう。

▶▶ **STEP UP!** 間違いやすい形に注意しよう

- made the employees to work のように，to do の形を使ってしまうミスが多いところです。誤りの形ですから，注意しましょう。

- make O do は「強制的にさせる」場合に使うのが基本ですが，常に強制の意味というわけではありません。

例 The coach made me smile.

そのコーチは私を笑顔にさせた。

- 同じ「…させる」でも，「自由に…させる」という許可の意味を表す場合には, let O do の形を使います。「やりたがっているのを自由にさせておく」といったイメージです。to do ではなく do を使う点は make と同じです。なお，同じような意味は, allow O to do 「O が…することを許す，O に…させておく」を使って表すこともできます。

例 The woman let her dog run in the field.

≒ The woman allowed her dog to run in the field.

その女性は原っぱで犬を走らせた。

KEY PHRASES

「(強制的に) O に…させる」　make O do ≒ force O to do

「(自由に) O に…させる」　　let O do ≒ allow O to do

2 | The woman had her brother paint the wall of her house.

その女性は弟に家の壁を塗ってもらった。

▶ BASICS 依頼の意味を持つ have O do の形

「Oに…してもらう」は have O do の形を使って表せます。業者や専門家，目下の者などに依頼してやってもらうときに使う表現です。駅やホテル，空港などで porter「ポーター，荷物係の人」に荷物を運んでもらったり，兄弟姉妹にジュースを買ってきてもらったりするようなイメージで覚えておきましょう。

▶▶ STEP UP! *do* と *to do* のどちらを使うのかに注意しよう

・had her brother to paint という形は誤りです。先ほど確認した make や let と同様に，to do の形が誤りであることに注意しましょう。

・「Oに…させる」という意味になる表現は他にもあります。例えば，get O to do は「説得・努力などをして，Oに…させる」という場面で使います。他の「…させる」という意味の動詞とは異なり，to do の形を使うことに注意が必要です。

例 The child tried to **get** her mother **to notice** her.
その子どもは母親に自分のことを気づかせようとした。

※「子どもが母親に手を振ったりして自分の存在に気づいてもらおうと努力している」といったイメージで捉えられればOKです。

・help O (to) do の形は「(手伝って) Oに…させる」という意味で使うことができます。この場合，do と to do の両方を使えますが，do を使う方が一般的です。

例 The teacher **helped** the students **(to) read** the textbook.
教師は生徒たちに教科書を読ませた［教師は生徒たちが教科書を読むのを手伝った］。

KEY PHRASES

「(依頼して) Oに…させる，…してもらう」	have O do
「(説得・努力して) Oに…させる」	get O to do
「(手伝って) Oに…させる」	help O (to) do

練習問題　次の文を英訳しなさい。

1. 父は私に皿洗いをさせたが，その後は外で遊ばせてくれた。

_____

2. 彼女は叔父に自転車を修理してもらった。

_____

3. 本当に勉強させたかったら，教えないに限る。

_____

（和歌山県立医大）

入試レベルにチャレンジ

解 答 と 解 説

> **解答** My father made me wash [do] the dishes, but then he let me play outside.

POINT 「Oに…させる」の表現

「皿洗いをさせた」は「強制的に皿を洗わせた」と考え，make O do の形を使います。「外で遊ばせてくれた」は「自由に外で遊ばせた」と考え，let O do の形を使います。「外で遊ぶ」は play outside を使います。「外に出かける」と考え，go out などを使うこともできます。

⭕ My father forced me to wash the dishes …

（「皿洗いをさせた」は force O to do の形を使うこともできます）

⭕ … but then he allowed me to go out.

（「遊ばせてくれた」は allow O to do の形を使うこともできます）

> **解答** She had her uncle repair [fix] her bicycle.

POINT 「Oに…してもらう」の表現

「叔父に修理をしてもらった」は，彼女と叔父の間には依頼すればやってもらえるような関係があると考えられるため，have O do の形を使います。

⭕ She got her uncle to repair her bicycle.

（「説得して…してもらった」と考え，get O to do の形を使うこともできます）

> **解答** If you really want to make someone study, it is best not to teach.

POINT 「Oに…させる」の表現

「…したければ」は if you want to … や if you'd like to … を使います。「勉強させる」は「勉強をしたくない人に強制的に勉強をさせる」と考え，make someone study を使います。「教えないに限る」は「教えないことが一番だ」と考え，it is best not to teach を使います。

⭕ If you'd like to get someone to study, …

（勉強をしたくない人に対して説得・努力して「…させる」場面とも考えられるため，get someone to study を使うこともできます）

⭕ … the best way is not to teach.

（主語を変えて，「最も良い方法は教えないことだ」と考え，S is to do「Sは…することだ」の形で書くこともできます）

関連表現

---

1 ショーンは兄を1時間以上待たせた。

Sean kept his brother waiting for over an hour.

POINT 「兄を待たせる」は keep his brother waiting

- keep O *doing* で「Oが…している状態を保つ」の意味を表します。
- 「1時間以上」は for over an hour や for more than one hour を使います。

---

2 川の近くで子どもたちを一人で遊ばせておいてはならない。

Never leave children playing alone near the river.

POINT 「子どもたちを遊ばせておく」は leave children playing

- leave O *doing* で「Oに…させておく」の意味を表します。

---

3 彼は美容院で髪を短く切ってもらった。

He had his hair cut short at the hair salon.

POINT 「髪を切ってもらう」は have his hair cut

- have O *done* で「Oを…してもらう」の意味を表します。
- 「…を短く切る」は cut ... short を使います。
- 「美容院で」は at the hair salon や in the salon を使います。

---

4 放課後，彼女はピアノの練習をさせられた。

She was made to practice playing the piano after school.

POINT 「練習をさせられる」は be made to practice

- make O *do* の受動態は，be made to *do* の形です。能動態と違い，to が必要なことに注意しましょう。
- 「ピアノの練習をする」は practice playing the piano の形を使います。

 使役の表現では，日本語の「させる」がどういう意味の「させる」なのかを問題文から読み取り，適切な表現を選ぶ必要があります。それぞれの表現は，使われるシーンと結びつけて押さえておきましょう。

「される」
の表現

この章では，【受け身】の表現を学習します。「…される」という表現は，日本語で考えてもややこしく，苦手とする受験生も多いところです。正しい形を意識することで，得意分野にしてしまいましょう。

WARM UP!　　日本文に合うように，(　　　)内の語(句)を並べかえなさい。

1　彼は駅で30分待たされた。　　　　　　　　　　　　　　　　*1語不要

He (kept / was / waiting / waited) for
half an hour at the station.

2　その女性はショッピングモールで自転車を盗まれた。*1語(句)不要

The woman (had / was / her bicycle /
stolen) at the shopping mall.

VOCABULARY

1　▶ Oを待たせる keep O waiting　▶ 30分 for half an hour

2　▶ Oを…される have O *done*　▶ 盗む steal

1 | He was kept waiting for half an hour at the station.

彼は駅で30分待たされた。

▶ **BASICS** 「待たされた」 の表現

「Oが待たされる」は、「Oを待たせる」という表現を受け身の形にすることで表すことができます。「Oを待たせる」はkeep O waiting の形を使います（☞ LESSON 03「させる」の表現参照）。これを受け身の形にしたのが，O be kept waiting です。

▶▶**STEP UP!** 間違いやすい形に注意しよう

- was waited や was kept waited のように，waited を使ってしまうミスが多いところです。wait は「待つ」という意味の自動詞であり，そもそも受け身の形では使わないのが原則です。会話表現などでよく使われる次の表現も，ぜひこの機会に確認しておきましょう。

例 I'm sorry to have kept you waiting.
　　お待たせしてすみません。

- 「30分」は for half an hour や for 30 minutes を使います。

- keep 以外にも，LESSON 03で学んだmake O do「Oに…させる」の受け身の形be made to do を使うこともできます。受け身の形では，原形のdo ではなく，to do の形を用いる点を改めて確認しておきましょう。
- He was made to wait for 30 minutes at the station.

KEY PHRASES
「待たされる」 be kept waiting / be made to wait

2 | The woman had her bicycle stolen at the shopping mall.

その女性はショッピングモールで自転車を盗まれた。

▶ BASICS 「O を…される」は have O *done* の形

▌「自転車を盗まれる」は，have O *done* の形を使って表せます。

▶▶ STEP UP! 受け身の後ろの形に注意しよう

・The woman was stolen her bicycle という形にしてしまう誤りがとても多い
ところです。受け身の形のあとに her bicycle のような名詞を持ってくること
ができるのは，第4文型と第5文型の受け身だけです。steal は第3文型の動
詞ですから，このような形はありません。注意しましょう。

(例) The vehicle with two wheels is called a bicycle.
2つの車輪がついたその乗り物は，自転車と呼ばれている。
※ 第5文型の受け身の場合は，後ろに名詞を持ってくることができます。
※ call O C「OをCと呼ぶ」⇒O be called C「OはCと呼ばれる」

(例) He was given a bicycle.
彼は自転車を与えられた。
※ 第4文型の受け身の場合も，後ろに名詞を持ってくることができます。
※ give O₁O₂「O₁にO₂を与える」⇒O₁ be given O₂「O₁はO₂を与えられる」

・**WARM UP! 2** の文は，主語を変えて表現することもできます。こうすることで，
よりシンプルな文にしてミスを防ぐことができます。
◯ The woman's bicycle was stolen at the shopping mall.

KEY PHRASES
「O を…される」　have O *done*

1. 私は待たされたくない。

_____

2. 彼はヨーロッパを旅行中にスーツケースを壊された。

_____

3. 「グリーン」という単語は, 環境に優しい製品を表すのに使われる。

_____

（青山学院大）

解答と解説

[解答] I don't want to be kept waiting.

POINT 「待たされる」はbe kept waiting

「…したくない」はI don't want to *do* の形を使います。「待たされる」はbe kept waiting の形を使います。

✗ I don't want to be waited.　be waitedは「待たされる」の意味になりません

○ I don't want to be made to wait.

（「強制的に待たされる」と考え，be made to wait の形を使うこともできます）

○ I don't want to have to wait.

（「待つことを余儀なくされる」や「待たなければならない」と考え，have to wait の形を使えば，受け身の形を使わずに表現することもできます）

[解答] He had his suitcase broken while traveling in Europe.

POINT 「Oを…される」はhave O *done*

「ヨーロッパを旅行中に」はwhile (he was) traveling in Europe や during his trip in Europe を使います。

○ His suitcase was broken during his trip in Europe.

（主語を His suitcase にして，「彼のスーツケースが壊された」のように書くこともできます）

○ Someone broke his suitcase while he was traveling in Europe.

（主語を Someone にして，「誰かが彼のスーツケースを壊した」のように書くこともできます）

[解答] The word "green" is used for environmentally friendly [eco-friendly] products [goods].

POINT 受け身の表現に注意する

「単語は…使われる」は受け身の表現The word ... is used を使います。「『グリーン』という単語」は The word "green" を使います。

○ ... is used to mean [represent / refer to] environmentally friendly products.

（「…を表すのに使われる」の部分は，目的の意味のto不定詞を使って表現することもできます）

関連表現

1 私は大通りで見知らぬ人から話しかけられた。
I was spoken to by a stranger on the main street.

POINT 「…から話しかけられる」は be spoken to by ...
・「見知らぬ人」は a stranger や a person I don't [didn't] know を使います。
・「大通りで」は on the main street を使います。

2 廃棄物を減らすよう努力がなされるべきだ。
Efforts should be made to reduce waste.

POINT 「…するよう努力がなされるべきだ」は efforts should be made to *do*
・助動詞を使った受け身は，助動詞＋ be *done* の形を使います。
・「廃棄物を減らす」は reduce (the amount of) waste を使います。

3 その歌は世界中の人に長い間歌われてきた。
The song has long been sung by people all over the world.

POINT 「歌われてきた」は has been sung
・現在完了の受け身は，have [has] been *done* の形を使います。
・「長い間」は long や for a long time を使います。
・「世界中の」は all over the world や throughout the world，the world over
を使います。

4 彼の車は今，修理されている。
His car is being repaired now.

POINT 「修理されている」は be being repaired
・受け身を進行形にして「…されている」という意味にするには，be being *done*
の形を使います。

 多くの場合，受け身は能動態で表せます。能動態で書く方がミスを少なくできるため，
試験ではできるだけ能動態を使うことをおすすめします。ただし，WARM UP! 1のように
「誰が待たせたのか」がわからない場合は能動態では書くのが難しいものです。このよう
な場合に備えて，正しい形を覚えておきましょう。

LESSON

05

時について
の表現❶

WHAT TO LEARN

この章では,【時】の表現を学習します。時についての表現は,日本語とのズレが
出やすいところです。どのような場合にどの動詞の形を使うのかを整理しましょう。

WARM UP! 日本文に合うように,(　　　)内の語(句)を並べかえなさい。

1

私は毎朝公園まで散歩している。　　　　　　　　　　＊1語(句)不要

I (a walk / every / take / am taking / to / the park) morning.

2

もし明日雨が降れば,野球の試合は延期されるだろう。
＊1語(句)不要

If it (will rain / rains / tomorrow), the baseball game will be postponed.

VOCABULARY

1 ▶ 毎朝 every morning ▶ …まで散歩する take a walk to ...

2 ▶ 野球の試合 baseball game ▶ 延期する postpone

1 | I take a walk to the park every morning.

私は毎朝公園まで散歩している。

▶ BASICS 「…している」の表現

「毎朝散歩している」は「毎朝」という言葉からもわかるように，いつもやっていること，つまり「日々の習慣」を表しています。「日々の習慣」を表す場合は，現在形を使います。このように，「…している」という表現は「実際はいつのことなのか」を考えることで，正しい形を使うことができます。

▶▶ STEP UP! 「実際はいつのことなのか」を考えよう

・I am taking a walk や I am walking のように，現在進行形を使ってしまうミスが多いところです。現在進行形は「現在まさにやっている動作」について，「…している」というときに使います。

例 I am walking by the lake now.
　　今，湖のそばを歩いている。

※ 現在まさに湖のそばを歩いている人が，友人と電話で話しているような場面がイメージできればOKです。

・「…している」という表現は，ほかにも「過去から現在までしていること」も表します。この場合は，現在完了形 have *done*（☞LESSON 06時についての表現❷参照）を使います。

例 She has wanted the painting for two years.
　　彼女は2年間，その絵を欲しがっている。

※「2年間欲しがっている」という日本語から「実際はいつのことなのか」を考え，過去から現在までの2年間欲しがり続けている状況をつかむことが大切です。

KEY PHRASES 「…している」
① 日々の習慣　　　　　　　　→ 現在形　　　*do*
② 現在まさにやっている動作　→ 現在進行形 be *doing*
③ 過去から現在までしていること → 現在完了形 have *done*

2 If it rains tomorrow, the baseball game will be postponed.

もし明日雨が降れば，野球の試合は延期されるだろう。

▶ **BASICS** 時・条件のカタマリの中は，未来のことでもwillを使わない

WARM UP! 1と同様に，「実際はいつのことなのか」を考えます。「もし明日雨が降れば」は「明日」という言葉からもわかるように，未来のことです。未来のことですので，will を使いたくなるかもしれません。しかし，If S V …「もし…ならば」のカタマリの中の動詞は未来のことでも will を使いません。これはルールとして覚えておきたいところです。少し一般的な言い方をすると，「時・条件の意味の副詞のカタマリの中では，未来のことでも will を使わない」ということです。ちなみに，このルールがあてはまるのは「時・条件の意味の副詞のカタマリ」の中の動詞だけです。主節では will を使うことに注意しましょう。

時・条件の意味の副詞のカタマリ	意味
as soon as S V	S が V するとすぐに
after S V	S が V した後に
before S V	S が V する前に
by the time S V	S が V するまでに
if S V	もし S が V すれば
once S V	いったん S が V すれば
until [till] S V	S が V するまで
when S V	S が V するときに

▶▶ **STEP UP!** 間違いやすい形に注意しよう

- if it will rain や if it is rain としてしまう誤りがとても多いところです。正しくは，if it rains か if it is rainy の形を使います。
- ちなみに，「時・条件の意味の副詞のカタマリ」が過去のことを表しているときは，カタマリの中の動詞も過去形を使います。

例 When it began to rain yesterday, I was climbing the mountain.
　昨日雨が降り始めたとき，私は山に登っていた。

KEY PHRASES 「もし明日雨が降れば」

if it rains tomorrow / if it is rainy tomorrow

練習問題 　次の文を英訳しなさい。

1. 彼はたいていこの部屋を使っていますが，今は使っていません。

_____

2. もし明日雪が降れば，トムは公園に行って遊ぶでしょう。

_____

3. 当日もし雨になりましたら，私が駅までお迎えに参ります。

_____

（日本女子大）

解答と解説

[解答] He usually uses this room, but he isn't using it now.

POINT 現在形と現在進行形の使い分けに注意する

「たいていこの部屋を使っています」は「日々の習慣」ですから，現在形を使います。「今は使っていません」は「現在の動作（この文では現在していない動作）」ですから，現在進行形を使います。

[解答] If it snows tomorrow, Tom will go and play in the park.

POINT 時・条件の意味の副詞のカタマリに注意する

「もし明日雪が降れば」は未来のことです。「時・条件の意味の副詞のカタマリの中では，未来のことでも will を使わない」というルールから，If Ｓ Ｖ ... のカタマリの中は will ではなく，現在形を使います。「公園に行って遊ぶでしょう」は未来のことです。これは主節であり，「時・条件の意味の副詞のカタマリ」ではありませんから，原則通り will を使います。

⭕ If it is snowy tomorrow, ...
❌ If it will snow tomorrow, ...　時・条件の意味の副詞のカタマリの中では will を使えません
❌ If it is snow tomorrow, ...　このような形はありません
⭕ ... Tom will go to the park and play (there).
⭕ ... Tom will play in the park.
（「遊ぶ」だけでも「行って遊ぶ」ことを十分に表すことができます）

[解答] If it rains (on) that day, I'll pick you up at the station.

POINT 時・条件の意味の副詞のカタマリに注意する

「当日もし雨になりましたら」は未来のことです。If Ｓ Ｖ ... のカタマリの中の動詞を現在形にした If it rains や If it is rainy を使います。「駅に…を迎えに行く」は pick ... up at the station を使います。

❌ If it will rain that day, ...　時・条件の意味の副詞のカタマリの中では will を使えません
❌ If it is rain that day, ...　このような形はありません
⭕ If it is rainy on that day, I'll meet you at the station, and go with you.
（「駅に…を迎えに行く」は「駅で会って，（そこから）一緒に行く」のように書くこともできます）

関 連 表 現

---

1 最近，私たちの店はとても忙しい。
These days, our store is very busy.

POINT **These daysは「現在形」とともに使う**

・「最近」は these days や nowadays を使います。
・recently を使い，Recently, our store has been very busy. のように書くこと
　もできます（recently は「過去形」や「現在完了形」とともに使います）。

2 健康は失って初めて，そのありがたみがわかる。
It is not until you lose your health that you realize the value of it.

POINT **「…して初めて〜」はit is not until ... that 〜**

・「健康を失う」は lose your health を使います。
・「そのありがたみ」は the value of it や its value を使います。
・「わかる」は「考えた結果わかる」と考え，realize を使います。

3 空模様から判断すると，にわか雨にあいそうだ。
Judging from the look of the sky, we are going to be caught in a shower.

POINT **「（兆候があって）…しそうだ」はbe going to *do***

・be going to *do* は予定を表す以外にも上のような使い方があります。
・「空模様から判断すると」は judging from the look of the sky を使います。
・「にわか雨にあう」は be caught in a shower を使います。

4 明日の今ごろ，私たちは電車で旅行しているでしょう。
We will be traveling on a train at about this time tomorrow.

POINT **「（未来に）旅行している」はwill be traveling**

・「明日の今ごろ」は at about this time tomorrow を使います。

 時制はすべての文で問題になります。文を作るたびに，「実際はいつのことなのか」を
考えるようにしましょう。

06

時について
の表現❷

WHAT TO LEARN

この章では，LESSON 05 に続いて【時】の表現を学習します。「いつのことなのか」を考えながら，正しい形を使えるようにしましょう。

WARM UP! 日本文に合うように，( )内の語（句）を並べかえなさい。

1 ケンは誕生日の2日前に，その美術館を訪れた。 ＊1語（句）不要

Ken (has / two days / visited /the museum / before) his birthday.

2 その夫婦は結婚して20年だ。

The couple (have / married / been / for) twenty years.

VOCABULARY

1 ▶誕生日 birthday
2 ▶夫婦 couple ▶結婚している be married

1 | Ken visited the museum two days before his birthday.

ケンは誕生日の2日前に，その美術館を訪れた。

▶ **BASICS** 「…した」の表現

「…した」という表現は「実際はいつのことなのか」を考えることで，正しい形を使うことができます。「誕生日の2日前に」という表現から，過去のことであるとわかります。

▶▶ **STEP UP!** 現在完了形は過去を表す表現とともに使わない

・Ken has visited ... two days before his birthday. のように，現在完了形を使うミスが多いところです。現在完了形は，現在に軸足を置いた表現で，現在から過去のことを振り返るときに使います。「誕生日の2日前」は単純に過去を表す表現ですから，現在に軸足を置く現在完了形とともに使うことはできません。注意が必要な過去を表す表現の例を例文とともに確認しておきましょう。以下は，いずれも過去形とともに使う表現です。現在完了形とともに使わないように注意しましょう。

▶ yesterday「昨日」/ ▶ last night「昨晩」/ ▶ two years ago「2年前」/
▶ when she was 20「彼女が20歳の時に」/ ▶ When ... ?「いつ…？」

例 She cleaned her room yesterday [last night].
　彼女は昨日［昨晩］，部屋を片付けた。

例 He graduated from high school two years ago.
　彼は2年前に高校を卒業した。

例 She went sightseeing in Kyoto when she was 20 years old.
　彼女は20歳の時，京都を観光した。

例 When did you visit him?
　彼のところを訪れたのはいつですか？

KEY PHRASES 「…した」
①過去のこと　　　　 → 過去形　　 *did*
②過去から現在のこと → 現在完了形 have *done*

2 | The couple have been married for twenty years.

その夫婦は結婚して20年だ。

▶ BASICS 「…して〜年」の表現

「結婚して20年」という表現は，現在の時点で20年間（これまで20年間），結婚している状態（be married な状態）が続いていることを表します。現在から過去のことを振り返っているため，現在完了形を使います。

▶▶ STEP UP! 間違いやすい形に注意しよう

・have married としてしまう誤りがとても多いところです。形容詞 married を使って be married「結婚している」という状態が続いていることを表していると考え，been を書き落とさないように注意しましょう。

・主語を変えて書くこともできます。1つは Twenty years「20年」を主語にするものです。

🔵 Twenty years have passed since the couple got married.
※ get married は「結婚する」，since は「…以来」という意味の表現です。

・時を表す It を主語にすることもできます。
🔵 It is [has been] twenty years since the couple got married.

KEY PHRASES 「…して〜年」

S have [has] been ... for 〜 years
〜 years have passed since S *did*
It is [has been] 〜 years since S *did*

練習問題　次の文を英訳しなさい。

1. 昨年の秋，彼は紅葉を見るためにその町を2度訪れた。

_____

2. 私の祖母が亡くなって3年になる。

_____

3. 彼に最後に会ってから7年が経っている。

_____

（日本女子大）

入試レベルにチャレンジ

解 答 と 解 説

解答 Last fall [autumn], he visited [went to] the town twice to see the fall colors [fall leaves].

POINT 過去のことを表す表現は, 過去形とともに使う

「昨年の秋」は過去のことを表すので, 過去形を使います。「見るために」はto see ... やin order to see ... を使います。

✖ In last fall ...　inは不要です

✖ Last fall, he has visited ...　過去を表す表現と現在完了形は一緒に使いません

✖ Last fall, he had visited ...　過去完了形を使う場面ではありません

解答 My grandmother has been dead for three years.

POINT 「…して～年になる」の表現を押さえる

「亡くなって3年になる」は現在の時点で3年間(これまで3年間), 亡くなっている状態(be deadな状態)が続いていることを表します。現在から過去のことを振り返っているため, 現在完了形を使います。「亡くなる」はdieや遠回しな表現である pass awayを使います。

✖ My grandmother has been death ...　deadを使います

✖ My grandmother has been dying ...　deadを使います

⦿ Three years have passed since my grandmother died [passed away].
（Three yearsを主語にした文を作ることもできます）

⦿ It is [has been] three years since my grandmother died [passed away].
（時を表すitを主語にした文を作ることもできます）

解答 It is [has been] seven years since I saw [met] him last.

POINT 「…して～年になる」の表現を押さえる

「7年が経っている」はit is [has been] seven yearsを使います。「彼に最後に会ってから」はsince I saw [met] him lastを使います。

⦿ Seven years have passed since I saw [met] him last.
（Seven yearsを主語にした文を作ることもできます）

関連表現

---

1 彼女は2時間，自分の部屋で読書している。

She has been reading a book for two hours in her room.

POINT　「（過去から現在まで）読書している」は**has been reading**

・【過去の時点から現在までの動作の継続】have [has] been *doing* の形を使います。

---

2 2時間読書をしていたら，ドアをノックする音が聞こえた。

I had been reading for two hours when I heard a knock at the door.

POINT　過去の時点まで「読書をしていた」は**had been reading**

・ドアをノックする音が聞こえたとき（過去の時点）までに，すでに2時間読書をしていたと考え，【過去の時点から過去の時点までの動作の継続】had been *doing* の形を使います。

・「読書をする」は read や read a book を使います。

---

3 昨日，私は彼女がタイから送ってくれた手紙を受け取った。

Yesterday, I received a letter she had sent me from Thailand.

POINT　「タイから送ってくれた」は「受け取った」よりも前のこと

・過去のことよりも前の過去のことは had *done* の形を使います。

・「送ってくれた手紙」は a letter (that) she had sent me を使います。

---

4 来年で，私たちが東京に住んで15年になる。

We will have lived in Tokyo for 15 years by next year.

POINT　未来の時点まで「住んでいる」は**will have lived**

・「来年で…住んで15年になる」は「来年までに15年住んでいるだろう」と考え，【未来までの継続】will have *done* の形を使います。

 時制は大学入試で差のつくポイントです。日本語の表面的な意味に惑わされず，「実際はいつのことなのか」を読み取って，適切な形を使えるようにしておきましょう。

07

「なる」
の表現

WHAT TO LEARN

この章では，【変化】の表現を学習します。「…になる」という表現には，多くの受験生が間違えやすいポイントが含まれています。形を丁寧に確認しながら学習を進めましょう。

WARM UP! 　日本文に合うように，(　　　　)内の語(句)を並べかえなさい。

1　最近,その店は多くの外国人を雇うようになった。 ＊1語(句)不要

Recently, the shop (to / hire / has begun / many people / has become / from) other countries.

2　彼らは最初,辛い料理が苦手だったが,少しずつ好きになった。
＊1語不要

At first, they didn't like spicy food, but gradually (became / to / they / came / like / it).

VOCABULARY

1　▶ 最近 recently　▶ 店 shop　▶ 外国人 people from other countries
2　▶ 最初 at first　▶ 辛い料理 spicy food　▶ 少しずつ gradually

1 | Recently, the shop has begun to hire many people from other countries.

最近，その店は多くの外国人を雇うようになった。

▶ BASICS 「…するようになった」の表現

「最近…雇うようになった」は「最近…雇い始めた」と同じ意味だと考えられます。したがって，begin to *do* や start to *do* の形を使うことができます。このように，「…するようになる」という表現は「…し始める」と言い換えることができます。日本語の「…するようになる」という表現を見かけたら，「…し始める」の意味ではないかどうかを考えてみると気づきやすくなります。

▶▶ STEP UP! 間違いやすい形に注意しよう

- the shop has become to hire ... のように，become を使ってしまうミスが多いところです。確かに，become は「…になる」という意味を表しますが，後ろに to *do* を続ける形はありません。注意しましょう。
- 時制は現在完了形を使います。これは，問題文（日本文）から「過去に外国人を雇い始めて，その状況が今も続いていること」が読み取れるためです。
- 「最近」は recently を使います。recently は過去形や現在完了形とともに使うことを確認しておきましょう（☞ LESSON 05 時についての表現❶参照）。
- 「雇う」は hire のほかに employ を使うこともできます。
- 主語を「その店」から「多くの外国人」に変えて，次のように表現することもできます。

◉ Many people from other countries have started to work at the shop recentry.

※ 主語を変えることで，「雇う」という言葉を使わずに表現することができています。試験本番で「雇う」という単語が思いつかないような場合は，主語を変えてみると書きやすくなります。

- 「外国人」は foreigners や foreign people も使えます。

KEY PHRASES

「…するようになる」＝「…し始める」 begin to *do* / start to *do*

2 | At first, they didn't like spicy food, but gradually they came to like it.

彼らは最初, 辛い料理が苦手だったが, 少しずつ好きになった。

▶ BASICS 「…するようになった」の表現

「少しずつ好きになった」は「徐々に好きな状態へと移っていった」と同じ意味だと考えられます。このように,「自然と…するようになる」ことを表すには, come to *do* の形を使います。come to *do* の *do* には, like や love, know などの状態動詞を使うのが原則だとされています。

▶▶ STEP UP! 間違いやすい形に注意しよう

- they became to like it のように, become を使ってしまうミスが多いところです。繰り返しになりますが, become の後ろに to *do* を続ける形はありません。注意しましょう。
- At first「最初」は, 後ろに逆接の but などを置いて「最初は…だったが〜」というように, 話の展開を表すために使われる表現です。
- 「辛い」は spicy のほかに hot を使うこともできます。
- 「少しずつ」は「徐々に」と考え, gradually を使います。gradually の位置は解答例のほか, 次のようなものも OK です。

🔵 ... but they gradually came to like it.

🔵 ... but they came to like it gradually.

- 「…するようになる」を表す表現としては, learn to *do* というものもあります。learn が「学ぶ, 習得する, 身につける」といった意味であることからもわかるように,「訓練や学習の結果, …するようになる」ことを表します。come to *do*「自然と…するようになる」とセットで覚えておくと便利です。

例 She learned to speak Japanese in quite a short time.
かなりの短期間で, 彼女は日本語を話すようになった。

KEY PHRASES

「自然と…するようになる」	come to *do*
「訓練や学習の結果, …するようになる」	learn to *do*

練習問題　次の文を英訳しなさい。

1. 彼は，先週から毎朝散歩をするようになった。

_____

2. 昨日，彼の娘は自転車に乗れるようになった。

_____

入試レベルにチャレンジ

3. 地球の命を守るために，私たちは環境に配慮した生活を送る
ようになってきた。

_____

（岩手大）

解答と解説

[解答] He began to take a walk [go for a walk / walk] every morning last week.

POINT 「…し始めた」はbegan to *do*

「散歩をするようになった」は「散歩をし始めた」と考えられるため，began to take a walk を使います。「先週から」は「先週（に）」と考えられるため，last week を使います。「毎朝」は every morning や in the morning every day を使います。

✖ He became to take a walk ...　このような形はありません

✖ He began to take a walk in every morning ...　inは不要です

✖ ... every morning in last week.　inは不要です

⭕ He has been taking a walk every morning since last week.

（「先週から（現在まで）毎朝散歩をしている」と考えることもできます）

[解答] His daughter learned to ride a bicycle yesterday.

POINT 「訓練の結果…するようになった」はlearned to *do*

「乗れるようになった」は「訓練の結果…するようになった」と考えられるため，learn to *do* の形を使います。「自転車に乗る」は ride a bicycle を使います。yesterday が過去を表す表現であるため，現在完了形を使うことはできません。

[解答] We have come [begun / started] to lead environmentally friendly lives in order to save [protect] life on earth.

POINT 「…するようになってきた」はhave come [begun / started] to *do*

「環境に配慮した生活を送る」は「環境にやさしい生活を送る」と考え，lead environmentally friendly lives を使います。live in an eco-friendly way や be more environmentally conscious を使うこともできます。また，「地球の命」は「地球上の生命」と考え，life on earth を使います。「守る」は save や protect を使います。

✖ We have become to lead ...　このような形はありません

関連表現

---

1 私は昨日, 18歳になった。
I turned 18 yesterday.

POINT 「18歳になった」はturned 18

・「…歳になる」の「なる」はturnを使います。
・「…になる」の意味のturnは次のような文でも使います。

例 The leaves turn red and yellow in the fall.
　　葉は秋に赤色や黄色になる。

---

2 これらのブドウはワインになる。
These grapes are made into wine.

POINT 「ワインになる」はbe made into wine

・「加工されて…になる」はbe made into ... の形を使います。
・turnやchangeを使って, 次のように表すこともできます。

◎ These grapes turn [change] into wine.

---

3 夢はかなう。
Dreams come true.

POINT 「現実のものになる」はcome true

・come ... は「…になる」という意味の表現です。一般に「…」の部分にはプラス
の意味の表現がくるとされていますが, 入試で使う場面はそれほど多くありませ
ん。まずは, この文を覚えておけば十分です。

---

4 彼女はずっと元気になった。
She got much better.

POINT 「元気になった」はgot better

・get ... は「…になる」という意味の表現です。get angry「怒る」やget soaked
to the skin「びしょぬれになる」など, 広く使える表現です。

英作文では「…になる」という表現をよく使います。長文の勉強をするときなど, 日頃
から「…になる」という表現を見かけるたびにストックしておけば後々役に立ちますよ。

「増える」「減る」 の表現

WHAT TO LEARN

この章では,【増減】の表現を学習します。「…が増えた」「…が減った」という表現は大学入試で頻出ですが,意外と正しい形が書けないものです。パターンをマスターしましょう。時についての表現（☞LESSON 05, LESSON 06）とのかかわりを意識しながら勉強すると効果的です。

WARM UP! 日本文に合うように,(　　　)内の語(句)を並べかえなさい。

1 最近,留学をする人が減っている。

The (of / study abroad / has been / who / number / people / decreasing) recently.

2 近ごろの親は子どもと過ごす時間が減っている。

Parents today (less and / time / are / less / spending / with) their children.

VOCABULARY

1 ▶ 最近 recently　▶ 留学する study abroad
2 ▶ 近ごろの親 parents today　▶ …と一緒に時間を過ごす spend time with ...

1 | The number of people who study abroad has been decreasing recently.

最近，留学をする人が減っている。

▶ BASICS　人の「数」が減ると考える

「…する人が減っている」は「…する人の数が減っている」と考え, the number of people ... has been decreasing を使って表すことができます。

have been *doing* という現在完了（進行）形になっているのは，「最近」という意味で recently が使われているからです。recently は過去形または現在完了形と一緒に使いますが，these days や nowadays は現在形とともに使います（☞ LESSON 05，LESSON 06「時についての表現」参照）。

▶▶ STEP UP!　動詞の形に注意しよう

- The people ... have been decreasing としてしまう誤りが多いところです。これだと，「人々が小さくなる」のような意味になってしまいます。小さくなるのは「人」ではなく「数」なので，the number「数」を主語にしましょう。

- The number of people ... have been decreasing としてしまう誤りも非常に多いところです。直前の people につられてしまうわけです。しかし，あくまで主語の中心部分は The number ですから，has been とする必要があります。

KEY PHRASES

「…が減っている」
the number of ... is decreasing / has been decreasing
「…が増えている」
the number of ... is increasing / has been increasing

2 | Parents today are spending less and less time with their children.

近ごろの親は子どもと過ごす時間が減っている。

▶ BASICS less and less が一番シンプル

「減っている」は「ますます少なくなっている」と考え，less and less や fewer and fewer という表現を使って表すことができます。ここでの time は数えられない名詞なので，less and less を使っています。

▶▶ STEP UP! 可算名詞と不可算名詞の使い分けに注意しよう

・fewer and fewer time としてしまう誤りが多いところです。time は「数えられない名詞」ですから，時間をほとんど過ごさないという意味の spend little time を前提とした，spend less and less time という形を使います。なお，「数えられる名詞」の場合は fewer and fewer を使います。また，「増えている」は more and more で表すこともできます。こちらは「数えられる名詞」と「数えられない名詞」の両方に使えます。

例 Fewer and fewer people are studying abroad these days.
　　最近，留学をする人が減っている。

例 More and more people are studying abroad these days.
　　最近，留学をする人が増えている。

KEY PHRASES

「…が減っている」
less and less ＋　数えられない名詞
fewer and fewer ＋　数えられる名詞
「…が増えている」
more and more ＋　名詞

練習問題　次の文を英訳しなさい。

1. 近ごろ，科学に関心を持つ学生が増えている。
　　＊these days を用いて

_____

2. 最近，喫煙している若者は劇的に減っている。
　　＊recently を用いて

_____

3. 都会を離れ，郊外に住む人が増えている。

The number of people who leave

_____

（学習院大）

解答と解説

> 解答 The number of students who are interested in science is increasing these days.

POINT 「…(の数)が増えている」の表現を押さえる

The number を主語にし，動詞を is increasing という形にできたかどうかが最も重要なポイントです。「these days を用いて」という指示があるため，現在（進行）形を使います。「科学に関心を持つ」は be interested in science のほか，show interest in science も使えます。

✖ The students ... are increasing ...　学生の「数」が増えると考えます

◯ More and more students are getting interested in science these days.
（more and more ... を使って書くこともできます）

> 解答 The number of young people who smoke has been dramatically [greatly] decreasing recently.

POINT 「…(の数)が減っている」の表現を押さえる

The number を主語にし，動詞を has been decreasing という形にできたかどうかが最も重要なポイントです。「recently を用いて」という指示があるため，現在完了（進行）形を使います。「喫煙している若者」は young people who smoke で表せます。「喫煙している」というのは「日々の習慣」ですから，現在形を使います。

✖ Young people ... have been ... decreasing ...　若者の「数」が減ると考えます

> 解答 The number of people who leave cities [urban areas] and live in the suburbs [in suburban areas] is [has been] increasing.

POINT 「…(の数)が増えている」の表現を押さえる

The number が主語ですから，対応する動詞「増えている」は is increasing か has been increasing を使います。

✖ The number of people ... are increasing.　主語は単数名詞です

✖ The number of people ... have been increasing.　主語は単数名詞です

関連表現

---

1 その町の人口は，2010年から2020年にかけて1,000人増加した。

The population of the town increased by 1,000 between 2010 and 2020.

POINT 差を表すby

・「2010年から2020年にかけて」は from 2010 to 2020 でも表せます。

2 2015年以降，その会社で働く人の数は横ばいだ。

The number of people working for the company has stayed the same since 2015.

POINT 「横ばい」＝「同じまま」

・「横ばい」は「同じまま」と考え，stay the same や remain the same を使います。
・「その会社で働く」は work for the company を使います。

3 彼女の飼っている猫は，2匹から5匹に増えた。

The number of cats she has increased from two to five.

POINT 「2匹から5匹に」は from two to five

・「彼女の飼っている猫」は「彼女の家にいる猫」と考え，cats in her house でも表せます。

4 日本では，出生率が徐々に減少してきた。

The birth rate has gradually been decreasing in Japan.

POINT 「徐々に」は gradually

・「急激に」の場合は，gradually の代わりに sharply や rapidly を使います。
・「出生率」は birth rate を使います。
・「減少してきた」は「これまで減少してきた」と捉えて，現在完了形を使います。

「増える」「減る」の表現は大学入試の自由英作文，とりわけグラフや表から数値の増減を読み取る問題で効果を発揮します。多くの受験生がミスをしやすいところですから，正確に書けるようにして，周りと差をつけましょう。

「いる」「ある」
の表現

WHAT TO LEARN

この章では，「いる」や「ある」といった【存在】の表現を学習します。There is [are] S の文を中心に，表現の幅を広げましょう。

WARM UP! 日本文に合うように，( ) 内の語（句）を並べかえなさい。

1 見て！ 塀の上に黒猫がいるよ。 ＊1語（句）不要

Look! There (black cat / the / is / a / on) the wall.

2 私の学校には2,000人以上の生徒がいる。 ＊1語（句）不要

My (is / has / 2,000 students / school / over).

VOCABULARY

1 ▶ 塀の上に on the wall ▶ 黒猫 black cat

2 ▶ 学校 school ▶ 生徒 student

1 | Look!　There is a black cat on the wall.

見て！　塀の上に黒猫がいるよ。

▶ **BASICS**　「…がいる」の表現

「〈場所〉に…がいる［ある］」という表現は，There is [are] S ＋〈場所〉の形を使って表すことができます。Sが単数名詞や不可算名詞の場合は動詞に is を使い，Sが複数名詞の場合は are を使います。

▶▶ **STEP UP!**　間違いやすい形に注意しよう

・There is the black cat ... のように，Sの位置に the ＋ 名詞を置いてしまうミスが多いところです。There is [are] Sの文は，本問のように「新たに登場したもの［人］」を紹介するときに主に使われます。そのため，Sとして使う名詞は the のついた「特定されたもの［人］」ではなく，a [an] のついた「特定されていないもの［人］」であるのが原則です。

・特定の名詞が「いる」「ある」ことを表す場合は，There is [are] S ＋〈場所〉の形を使わず，次のように S is [are] ＋〈場所〉の形を使って表します。

例 Look! The black cat is on the wall.
　　見て！　あの黒猫が塀の上にいるよ。

※ この文の場合，黒猫は書き手（話し手）と読み手（聞き手）にとって初登場ではありません。すでに話題にのぼっていたり，お互いに知っていて特定されたりしているものですから，the がついています。

・「私のかばん」my bag のように所有格によって特定された名詞も，原則として There is [are] Sの文のSとして使いません。S is [are] ＋〈場所〉の形を使って表します。

例 My bag is on the stool.
　　私のかばんは丸椅子の上にある。

KEY PHRASES

「〈場所〉にSがいる［ある］」
There is [are] S ＋〈場所〉　→Sは不特定の名詞 a [an] ＋ 名詞
S is [are] ＋〈場所〉　　　　→Sは特定の名詞
※the ＋名詞や所有格＋名詞は原則，There is [are] Sの文のSとして使わない。

2 | My school has over 2,000 students.

私の学校には2,000人以上の生徒がいる。

▶ BASICS 「…がいる」の表現

「学校には…がいる」は「学校は（その一部として）…を持っている，…を含んでいる」と考えられるため，My school has ... を使って表すことができます。この has [have] は次のような場面でも使えます。

例 The house has two restrooms.
その家にはお手洗いが2つある。

▶▶ STEP UP! 「…がいる」のさまざまな形

・**WARM UP! 2** の文は，There is [are] S ＋〈場所〉の形を使って次のように書くこともできます。
◯ There are over 2,000 students in my school.

・「…以上」は over や more than を使います。これらは「…より多く」という意味であり，正確には，その数字自体を含んだ意味を表す日本語の「…以上」とは異なります。しかし，本問ではそこまで厳密な数字を問題としているわけではないため，使うことができます。

KEY PHRASES
「〈場所〉に…がいる［ある］」＝
「〈場所〉が…を（その一部として）持っている［含んでいる］」
〈場所〉＋ has [have] ...

練習問題　次の文を英訳しなさい。

1. 彼の部屋の壁にはたくさんのポスターが貼られている。

2. 日本は6月に雨が多い。

3. 準備するのにまだ1か月あるよね？　君なら、きっといいスピーチができるよ。

（秋田大）

解答と解説

[解答] There are many posters on the wall of [in] his room.

POINT 「ポスターが貼られている」は「ポスターがある」

「ポスターが貼られている」は「ポスターがある」と考え，There is [are] S + 〈場所〉の形を使います。「たくさんの」はmanyやa lot ofを使います。

○ He has many posters on the wall of his room.

（「彼は部屋の壁にたくさんのポスターを持っている」と考え，「彼」を主語にした文を作ることもできます）

○ His room has many posters on the wall.

（「彼の部屋が（その一部として）壁にたくさんのポスターを持っている」と考え，「彼の部屋」を主語にした文を作ることもできます）

[解答] There is a lot of rain in June in Japan.

POINT 「雨が多い」は「雨が多くある」

「日本は6月に雨が多い」は「日本では6月に雨が多くある」と考え，There is [are] S + 〈場所〉の形を使います。

○ It rains a lot in June in Japan.

（「日本では雨が多く降る」と考え，天候のitを主語にした文を作ることもできます）

○ We [They] have a lot of rain in June in Japan.

（「私たち［彼ら］は日本で6月に多くの雨を経験する」と考え，we [they]を主語にした文を作ることもできます）

[解答] You still have another [one more] month to prepare, don't you? You can make a good speech.

POINT 「ある」は「持っている」

「まだ1か月ある」は「もう1か月持っている」と考え，still have another monthを使います。「もう1か月」は，one more monthを使うこともできます。「…よね」は念押しの表現ですから，付加疑問don't you?を使います。会話表現であるため，right?を使うこともできます。

○ There's another month left to prepare, right?

（「…ある」は「…が残っている」と考え，There's ... (left)を使うこともできます）

関連表現

---

1 彼の話し方には独特なところがある。

There is something unique about the way he talks.

POINT 「Aには…なところがある」はThere is something ... about A

・「独特な」は unique を使います。
・「彼の話し方」は the way he talks や his way of talking を使います。

---

2 かつてこの辺りにはコンビニがあった。

There used to be a convenience store around here.

POINT 「かつて…があった」はThere used to be ...

・「かつて…した」used to *do* を, There is [are] S +〈場所〉の文で使うと, There used to be ... の形になります。「かつてはあったが, 現在はない」ことを意味として含みます。

---

3 中国は日本の西の方にある。

China lies to the west of Japan.

POINT 「西の方にある」はlie to the west

・「いる」「ある」は lie を使って表すこともできます。
・「ある」は lies や is, is located を使います。

---

4 約20人の学生が図書館で勉強している。

There are about 20 students studying in the library.

POINT 「Sが…している」はThere is [are] S *doing*

・About 20 students are studying in the library. のように,「約20人の学生」を主語にした文を作ることもできます。

 「…がいる［ある］」という表現は自由英作文でも書く機会が多いところです。本章で学習した形を覚えると同時に, 主語を変えてみることによって, 自分が書きやすい表現で書く練習をすることが有益です。

10

「もの」「こと」
の表現

WHAT TO LEARN

この章では，「もの」「こと」といった表現を学習します。これらは，【名詞】としての役割を持つ表現です。特に what を使った表現を使いこなせると，入試英作文ではかなり有利です。考え方をマスターしましょう。

WARM UP!　　日本文に合うように，(　　　)内の語(句)を並べかえなさい。

1　問題はまだ宿題が終わっていないことだ。　　　*1語(句)不要

The problem is (I / that / finished /
what / haven't / my homework).

2　ポケットの中身を見せてください。　　　*1語(句)不要

Show me (what / have / the contents /
you / in) your pocket.

VOCABULARY

1　▶ 問題 problem　▶ 宿題 homework
2　▶ ポケット pocket

1 | The problem is that I haven't finished my homework.

問題はまだ宿題が終わっていないことだ。

► **BASICS** 「…ということ」の表現

「まだ宿題が終わっていないこと」は，「まだ宿題が終わっていないということ［事実］」と言い換えることができます。「…ということ［事実］」という表現は，接続詞のthatを使ってthat S V …の形で表すことができます。

►► **STEP UP!** 間違いやすい形に注意しよう

・what I haven't finished my homework としてしまうミスがとても多いところです。「こと［もの］」という意味のwhatは「…ということ」という意味の接続詞thatとは違い，後ろに名詞が欠けた形の文がきます。日本語の表現がそっくりなので，注意が必要です。

(例1) what she said（彼女が言ったこと）

(例2) what he is listening to（彼が聴いているもの）

(例3) what is important（重要なこと）

※ (例1)ではsaidの目的語が，(例2)ではtoの目的語が，(例3)ではisに対応する主語が欠けています。

・接続詞thatは後ろに名詞が欠けていない文を置き，that S V …のカタマリ全体は文の中でSやOやCとして使います。**WARM UP! 1**の文ではCとして使われていますが，SやOとして使う例も確認しておきましょう。

(例4) That he wrote the letter is certain.
　　　彼がその手紙を書いたということは確かだ。

(例5) She thought that he was innocent.
　　　彼女は彼が無実だと思った。

※ (例4)ではSとして，(例5)ではOと使われています。主語が長くなるため，(例4)のような文はあまり使いません。It is certain that he wrote the letter.という形式主語構文（☞LESSON13 itの表現参照）を使うのが普通です。

KEY PHRASES

「…ということ［事実］」　that ＋ S V …【名詞が欠けていない文】

「…こと［もの］」　　　 what …【名詞が欠けた文】

2 | Show me what you have in your pocket.

ポケットの中身を見せてください。

▶ BASICS　節を使って名詞を表そう

「ポケットの中身」は「ポケットの中にあなたが持っているもの」と言い換えることができるため，what を使って what you have in your pocket という表現で書くことができます。また，「ポケットの中にあるもの」と考え, what is [are] in your pocket と書くこともできます。

▶▶ STEP UP!　難しい名詞は，what ... で言い換えよう

「ポケットの中身」という日本語を見たときに，the contents of your pocket という表現を考えた人もいるかもしれません。確かに，content という単語は「中身」という意味ですから，正しいようにも思えます。しかし，the contents of your pocket という表現を見たことはあるでしょうか。「正しい」と自信を持って使うことができる表現でしょうか。

受験の英作文では，減点を避けるために「正しい」と確信できる表現を用いて書くのが鉄則です。「これは使える表現だろうか」と少しでも迷うような表現は，避けたほうが無難です。特に名詞を用いた表現は，可算名詞か不可算名詞か，冠詞は何をつけるか，動詞とのつながり（コロケーション）は適切かなど，考えなければならないことも多く，正しく書くのは難しいものです。

そこでオススメしたいのが，難しい名詞を what ... で言い換えるという方法です。そのまま書くのが難しい名詞でも，what ...「…こと［もの］」を使うことで，正しく自然な英語を書くことができます。ポイントは，「誰［何］が何をすること［もの］なのか」を考えることです。例えば，「彼の真意」という日本語がある場合，「彼が本当に考えていること」や「彼が本当に言いたいこと」と考えます。そして，what he is really thinking や what he really wants to say のように表現します。

KEY PHRASES

「…こと［もの］」 what ...【名詞が欠けた文】（難しい名詞の書き換え）
※ポイントは，誰［何］が何をすること［もの］なのかを考えること。

練習問題　次の文を英訳しなさい。

1. 重要なことは，話し手の話をよく聞くことだ。

2. 彼は舞台上でセリフを忘れてしまった。

入試レベルにチャレンジ

3. 絵本の奥深いところは，読むたびにストーリーの新しい要素を発見できることだ。

（兵庫県立大）

解答と解説

解答 <u>What is important [The important thing]</u> is that you listen to the speaker carefully.

POINT 「…こと」の表現を押さえる

「重要なこと」は What is important や The important thing を使います。「…こと」は that S V … を使います。「よく」は carefully「注意深く」を使います。

⭕ … is to listen to the speaker carefully.

（「…こと」は to 不定詞を使って書くこともできます）

❌ … is what you listen to the speaker carefully　that を使います

⭕ It is important to carefully listen to the speaker.

⭕ It is important that you listen carefully to the speaker.

（「話し手の話をよく聞くことが重要だ」と考え，形式主語構文（☞ LESSON 13 it の表現参照）を用いて書くこともできます）

解答 He forgot <u>what he had to say [his lines]</u> on the stage.

POINT 「セリフ」は「言うこと」

「セリフ」は「彼が言うこと」や「彼が言わなければならなかったこと」と言い換えられるため，what he had to say を使います。

⭕ He couldn't say [remember] what he had to say on the stage.

（「言うことができなかった」や「思い出せなかった」と考えることもできます）

解答 What is interesting [deep] about a picture book is that you can find [discover] new elements of the story <u>each time [every time]</u> you read it.

POINT 「絵本の奥深いところ」は「絵本について面白いこと［もの］」

「絵本の奥深いところ」は「絵本について面白いこと［もの］」と考え，what is interesting about a picture book を使います。「…こと」は「…ということ［事実］」と考え，that S V … を使います。

⭕ It is interesting that you can always find something new in a picture book each time you read it.

（「絵本で新しいことをいつも見つけられることは面白い」と考え，形式主語構文（☞ LESSON 13 it の表現参照）を用いて書くこともできます）

関連表現

1 その組織の目標は，環境を守ることだ。
The organization's goal is to protect the environment.

POINT これから行う「…すること」は**to** *do*
・「目標」は goal や aim を使います。
・「守る」は protect や save を使います。

2 私の趣味は，美術館を訪れることだ。
My hobby is visiting museums.

POINT いつも行っている「…すること」は*doing*
・「趣味」は hobby を使います。
・「美術館を訪れること」は visiting museums や going to museums を使います。

3 十分な睡眠をとることは健康によい。
Getting enough sleep is good for your health.

POINT 「…すること」は*Doing*
・「十分な睡眠をとること」は Getting enough sleep や Sleeping enough を使います。

4 あなたのために，私にできることは何かありますか。
Is there anything I can do for you?

POINT 「私にできることはありますか」は**Is there anything I can do?**
・肯定の答えを期待しているときは，something を使います。

 whatを用いて名詞を表すことができるようになれば，受験の英作文で絶大な効果を発揮します。英作文で「書けないこと」が格段に減りますから，ぜひ練習しておきましょう。

疑問詞
を用いた表現

WHAT TO LEARN

この章では，疑問詞を用いた表現について学習します。LESSON 10で学習したwhatと同様，疑問詞を用いて難しい名詞を節構造にすることで，表現の範囲を広げることができます。その考え方をマスターしましょう。

WARM UP!　　日本文に合うように，(　　　　)内の語(句)を並べかえなさい。

1　山に行くと，自然の素晴らしさがわかる。

If you go to the mountains, you (how / realize / nature / wonderful / is).

2　彼は駅までの行き方がわからなかった。

He didn't (to / get / how / know / to) the station.

VOCABULARY

1　▶ 山 mountain　▶ 自然 nature　▶ わかる realize

2　▶ 駅 station

1 | If you go to the mountains, you realize how wonderful nature is.

山に行くと，自然の素晴らしさがわかる。

▶ BASICS 「素晴らしさ」≒「どれほど素晴らしいか」

「自然の素晴らしさ」という名詞は，そのまま英語にしようとすると意外に難しいものです。そこで，節（S V ...）の構造にできないかを考えます（☞LESSON 10「もの」「こと」の表現参照）。「自然の素晴らしさ」は that nature is wonderful「自然が素晴らしいということ」や how wonderful nature is「自然がどれほど素晴らしいか」と言い換えることができます。

▶▶STEP UP! 間違いやすい形に注意しよう

・how nature is wonderful という誤った語順にしてしまうミスが多いところです。疑問詞の how は，形容詞や副詞をその直後に置いて使うことに注意が必要です。

例 how interesting the book is（その本がどれほど面白いか）
例 how fast he runs（彼がどれほど速く走るか）

・how wonderful is nature という誤った語順にしてしまうミスも多く見られます。間接疑問文（疑問詞節を使った文）では，疑問詞節内は S V ... の語順にします。

例 where he comes from（彼がどこの出身か）
      S V

例 who she likes（彼女が誰のことが好きか）
    S V

例 who made the cake（誰がそのケーキを作ったか）
  S V

KEY PHRASES

「Aの素晴らしさ」≒「どれほどAが素晴らしいか」　how wonderful A is

2 | He didn't know how to get to the station.

彼は駅までの行き方がわからなかった。

▶ BASICS 「…の仕方」の表現

「…の仕方」を表すには how to *do* の形を使います。「まだしていないが, これからする方法」といったイメージの表現です。

▶▶ STEP UP! さまざまな疑問詞+to *do*

・his way of getting to the station や the way he gets to the station といった誤りが多いところです。逆に, これらの表現を使うべき場面で how to *do* を使ってしまうミスも非常に多く見られます。

・A's way of *doing* は, 「個人的なやり方」を強調して述べるときに使います。
例 his way of walking (彼の歩き方)
・the way S V ... は, 一般的な話として「やり方」を述べるときに使います。
例 the way he walks (彼の歩き方)
※ これらに対して, how to *do* や the way to *do* はこれからやるやり方 (方法) や攻略法のようなイメージです。この機会に整理しておきましょう。

・疑問詞+to *do* で, さまざまな意味を表すことができます。便利な表現ですから, ざっと目を通して, イメージをつかんでおきましょう。
例 where to live (どこに住む (べき) か)
例 when to start (いつ出発する (べき) か)
例 what to say (何を言う (べき) か)
例 what song to sing (どんな歌を歌う (べき) か)
例 which to choose (どちら [どれ] を選ぶ (べき) か)
例 which shirt to wear (どちらの [どの] シャツを着る (べき) か)

KEY PHRASES
「Aの…仕方」 A's way of *doing* (個人的な「やり方」を強調するイメージ)
「SのV仕方」 the way S V ... (「やり方」一般を指すイメージ)
「V仕方」 how to *do* ≒ the way to *do* (これからやる「やり方」, 攻略法のイメージ)

練習問題　次の文を英訳しなさい。

1. その本を読み直して，その面白さに気づいた。

_____

2. どちらの道を行けばよいか，私にはわからなかった。

_____

3. ふるさとの良さはふるさとを離れて初めてわかる。

_____

（鹿児島大）

入試レベルにチャレンジ

解答と解説

解答 When I read the book again, I realized [found] how interesting it was.

POINT 「面白さ」は「どれほど面白いか」

「読み直して」は「読み直したときに」と考え，when節を使います。「面白さ」は「それがどれほど面白いか」と言い換えられるため，how interesting it was を使います。

✘ ... I noticed how ...　notice は視覚や聴覚で「瞬間的に気づく」ときに使います

✘ ... I realized how it was interesting.　語順の誤りです

✘ ... I realized how interesting was it.　語順の誤りです

◯ ... I realized that it was interesting.
（「その面白さ」は「それが面白いということ」と言い換えられるため，that it was interesting を使って書くこともできます）

解答 I didn't know [had no idea] which way to go.

POINT 「どちらの道を行けばよいか」はwhich way to go

「どちらの道を行けばよいか」は「どちらの道を行く（べき）か」と考え，which way to go を使います。

◯ I didn't know which way I should go.
（which以下は should「べき」を用いて節で書くこともできます）

解答 It is not until you leave [get away from] your hometown that you realize [find / see] how wonderful it is.

POINT 「…の良さ」は「…がどれほど良いか」

「…して初めて～」は it is not until ... that ～ を使います。「…の良さ」は「…がどれほど良いか」と言い換えられるため，how wonderful [good] ... is を使います。「離れる」は leave や get away from を使います。

◯ ... that you realize its good points [aspects].
（「良さ」を「良い点」や「良い面」と考え，good points や good aspects を使って書くこともできます）

◯ You realize the good points of your hometown only when you get away from it.
（「…して初めて～」は，～ only when ... を使って書くこともできます）

関連表現

1 パソコンのない生活がどのようなものか，想像がつかない。

I cannot imagine what it would be like to live without computers.

POINT 「…することがどういうことか」はwhat it is like to do

・「S がどのようなものか」は what S is like の形を使います。

・**1**は，to 以下を真主語とする形式主語構文です（☞ LESSON 13 it の表現参照）。

2 ドアを開けるタイミングがわからなかった。

I didn't know when to open the door.

POINT 「ドアを開けるタイミング」≒「いつドアを開けるべきか」

・「ドアを開けるタイミング」は「いつドアを開けるべきか」と考え，when to open the door や when I should open the door を使います。

3 彼は会議に出席するかどうか娘に尋ねた。

He asked his daughter if she would attend the meeting.

POINT 「…かどうか」はif … かwhether …

・「…かどうか」は接続詞の if か whether を使います。

・「出席する」は attend を使います。

・「会議」は meeting や conference を使います。

4 申し出を受け入れるべきだろうか。

I wonder whether I should accept the offer.

POINT 「…かどうか」はif … かwhether …

・「…だろうか」は「…かどうか疑問に思う」と考え，wonder whether … を使います。whether は接続詞で，「…かどうか」「…か～か」という意味です。

 疑問詞を用いて難しい名詞を表現することができれば，表現の幅がかなり広がります。特に，how を用いた表現はよく使うため，正確に書けるようにしておきましょう。

形容詞
を用いた表現

WHAT TO LEARN

この章では，形容詞を用いた表現について学習します。日本語と英語のズレが大きいところで，ミスが多いところでもあります。正しい形をマスターすれば周りと差をつけることができます。頑張っていきましょう。

WARM UP!　　日本文に合うように，(　　　)内の語(句)を並べかえなさい。

1　　彼は奨学金のおかげで大学を卒業できた。　　＊1語(句)不要

Thanks to the scholarship, he (able / was / from / possible / to graduate) university.

2　　その最新の映画を観て私たちはワクワクした。　　＊1語不要

We (exciting / were / see / excited / to) the latest movie.

VOCABULARY

1 ▶ 奨学金 scholarship　▶ …のおかげで thanks to …　▶ 大学 university
▶ …を卒業する graduate from …　2 ▶ 最新の映画 the latest movie　▶ 観る see

1 | Thanks to the scholarship, he was able to graduate from university.

彼は奨学金のおかげで大学を卒業できた。

▶ **BASICS** 「…できた」の表現

「実際に…できた」というように【実現】を表すときは，was [were] able to *do* の形を使います。

▶▶ **STEP UP!** 人を主語にとらない形容詞を押さえよう

・he was possible to graduate ... という形にしてしまうミスが多いところです。possible は人を主語にすることができない形容詞です。possible を使うなら，次のように形式主語構文（☞ LESSON 13 it の表現参照）にします。

◯ Thanks to the scholarship, it was possible for him to graduate from university.

・原則として人を主語にできない形容詞には注意が必要です。そのような形容詞の例を挙げておきますので，ざっと目を通しておいてください。

原則として人を主語にできない形容詞	意味
convenient	都合がいい，便利な
impossible	不可能な
inconvenient	都合が悪い
necessary	必要な
possible	可能な，ありうる
unnecessary	不要な

・「…のおかげで」は，thanks to ... や because of ... や owing to ... を使います。
・「大学」は university や college を使います。

KEY PHRASES

「**…できた**」　　was [were] able to *do*
「**…のおかげで**」 thanks to ... / because of ... / owing to ...

2 | We were excited to see the latest movie.

その最新の映画を観て私たちはワクワクした。

▶ BASICS 「ワクワクする」は「ワクワクさせられる」

「ワクワクする」「ワクワクしている」はexcitedの形を使います。exciteという動詞はもともと、「…をワクワクさせる」という意味の他動詞です。その過去分詞excitedは「ワクワクさせられる」すなわち「ワクワクする」「ワクワクしている」という意味で、これが形容詞化したもの（分詞形容詞）がexcitedです。日本語では「ワクワクする」という能動的な意味なのに、英語ではexcitedと受動的な表現になる点に注意しましょう。

▶▶ STEP UP! 間違いやすい形に注意しよう

・We were exciting という誤りの形がとても多いところです。形容詞exciting は「ワクワクさせる（ような）」という意味で、次のような文で使います。

例 The latest movie was exciting (to us).

その最新の映画は私たちをワクワクさせた。

・ing と ed の形が問題となる形容詞は他にもあります。以下に、大学入試の英作文で頻出のものをまとめました。確認しておきましょう。

元の動詞	分詞形容詞
bore「退屈させる」	boring「退屈な」, bored「退屈して」
disappoint「がっかりさせる」	disappointing「がっかりさせる（ような）」, disappointed「がっかりして」
excite「ワクワクさせる」	exciting「ワクワクさせる（ような）」, excited「ワクワクして」
interest「興味を持たせる」	interesting「面白い」, interested「興味を持って」
irritate「いらいらさせる」	irritating「いらいらさせる（ような）」, irritated「いらいらして」
move「感動させる」	moving「感動させる（ような）」, moved「感動して」
please「喜ばせる」	pleasing「喜ばせる（ような）, 楽しい」, pleased「喜んで」
satisfy「満足させる」	satisfying「満足させる（ような）」, satisfied「満足して」
surprise「驚かせる」	surprising「驚くべき」, surprised「驚いて」

KEY PHRASES

「Sはワクワクさせる」 S is exciting

「Sはワクワクしている」 S is excited

練習問題　次の文を英訳しなさい。

1. 都合のよい時に，メールを送ってください。

Would _____?

2. 彼の講義は長かったので，退屈だった。

His _____

3. メコン川（the Mekong）を見ていると感動する。

_____

（新潟大）

解答と解説

解答 Would you send me an email when it is convenient (for you)?

POINT convenientは人を主語にできない形容詞

「…してください」はWould you ... ?「…してくれませんか？」の形を使います。「都合のよい時に」はwhen it is convenient (for you) を使います。

✘ ... when you are convenient.　convenientは人を主語にできません

解答 His lecture [lesson] was [lasted] long, so it was boring.

POINT boring とboredを区別する

「退屈だった」は「講義が退屈させるようなものだった」と考え, it was boring を使います。

◯ His lecture was long, so I was [got] bored.

（「私が退屈した」と考え, bored を使って書くこともできます）

✘ His lecture was long, so I was boring.　「私が退屈させる」ことになってしまいます

解答 I'm moved when [while] I'm looking at [watching] the Mekong.

POINT movingとmovedを区別する

「感動する」はmoved を使います。「…していると」は when [while] (I'm) *doing* の形を使います。「見る」はlook atやwatch を使います。

✘ I'm moving when ...　「私が感動させる」ことになってしまいます

◯ The Mekong is moving to me while I'm looking at it.

（「メコン川」を主語にし, moving「感動させるような」を使って書くこともできます）

◯ The Mekong moves me while I'm looking at it.

（「メコン川」を主語にし, 動詞のmove「感動させる」を使って書くこともできます）

関連表現

1 この本は繰り返し読む価値がある。
This book is worth reading over and over again.

POINT 「…する価値がある」はworth *doing*

・「繰り返し」は「何度も」と考え，over and over again や again and again, many times を使います。

2 空港まで見送ってくれてありがとう。
It is kind of you to see me off at the airport.

POINT 「…してくれてありがとう」はIt is kind of you to *do*

・「見送る」は see off を使います。目的語が代名詞の場合は see 〇 off の形にすることに注意が必要です。

・**2** は You are kind to see me off at the airport. と同様の意味です。

3 人間は動物と言語能力の点で異なる。
Humans are different from animals in language ability.

POINT 「Aは, BとCにおいて異なる」はA is different from B in C

・「人間」は humans や human beings や we を使います。「人間」という意味の human は humans と複数形で用いるのが通例です。

4 きっと彼は試験に合格するだろう。
I'm sure that he will pass the exam.

POINT 「きっと…と確信している」はbe sure that ...

・「試験に合格する」は pass the exam を使います。

感情を表す形容詞についての考え方は，本章で扱ったもの以外の感情のほとんどに当てはまります。仕組みを理解しておくことで，新たに知る「感情を表す形容詞」についても柔軟に対応できるはずです。

13

it
の表現

この章では, it を含む頻出表現を学習します。it が何を指しているのかを考えながら, 整理していきましょう。

WARM UP!　日本文に合うように,（　　）内の語（句）を並べかえなさい。

1　彼が自転車に乗るのは簡単だ。　　　　　　　　　　＊1語（句）不要

It (easy / is / to / for him / ride / he) a bicycle.

2　彼女はその数学の問題を解くのが簡単だと思った。

She (it / easy / found / to solve) the math problem.

VOCABULARY

1　▶ 自転車に乗る ride a bicycle
2　▶ 数学の問題 math problem　▶ 解く solve

1 | It is easy for him to ride a bicycle.

彼が自転車に乗るのは簡単だ。

▶ BASICS 「（Aが）…することは簡単だ」の表現

「（Aが）…することは簡単だ」は It is easy (for A) to *do* の形を使います。It が形式主語で(for A) to *do* が真主語の形式主語構文です。

▶▶ STEP UP! さまざまな形式主語構文を押さえよう

・He is easy to ride a bicycle としてしまうミスがとても多いところです。「彼」を主語にして、「彼が…するのは簡単だ」をこのような形で表すことはできません。注意しましょう。

・for him は to ride a bicycle という to 不定詞句の主語にあたります。to 不定詞句の主語は、for ＋名詞の形でto 不定詞句の直前に置きます。

・形式主語構文には、さまざまな種類があります。以下に、よく使う形の例文を挙げておきました。It が指しているものを1つずつ確認していきましょう。

例 It is better for him not to go there.
　　形式S　　　　　真S

　　彼はそこに行かないほうがよい。

※ この文では, not to go thereの形が使われています。to不定詞句の否定は, このようにto不定詞句の直前にnotを置いて表します。

例 It is uncertain whether there is life on Mars.
　　形式S　　　　　真S

　　火星に生命があるかどうかは不確かだ。

例 It is unclear what I have to do to get a credit.
　　形式S　　　　真S

　　単位をとるために何をしなければならないか、はっきりしない。

KEY PHRASES

「（Aが）…することは簡単だ」 It is easy (for A) to *do*

2 | She found it easy to solve the math problem.

彼女はその数学の問題を解くのが簡単だと思った。

▶ **BASICS** 「…するのが簡単だと思う」の表現

「(Aが) …するのが簡単だと思う」は find it easy (for A) to *do* の形を使います。it が形式目的語で (for A) to *do* が真目的語の形式目的語構文です。find O C「O が C だと思う，気づく，わかる」をもとにした形です。本問では，数学の問題を解くのは「彼女」であり，to 不定詞句の主語と文の主語が一致していますから，for her はわざわざ書きません。

▶▶ **STEP UP!** さまざまな形式目的語構文を押さえよう

・形式目的語構文には，さまざまな種類があります。よく使う形の例文で，それぞれの動詞のもともとの意味と，it が指しているものを1つずつ確認していきましょう。真目的語になる主なものは，to 不定詞句と that 節です。

・make O C「O を C にする」を使った例
例 The scholarship has made it possible for her to study abroad.
　　　　　　　　　　　　　形式O　　真O

　奨学金のおかげで彼女は留学できた。

・believe O C「O が C だと信じる」を使った例
例 He believes it certain that the tennis player will win the championship.
　　　　　　　　形式O　　真O

　彼はそのテニス選手が優勝することは確実だと信じている。

・think O C「O が C だと考える，思う」を使った例
例 They think it fun to play hide and seek.
　　　　　　　形式O 真O

　彼らはかくれんぼをするのが楽しいと思っている。

KEY PHRASES
「(Aが) …するのが簡単だと思う」 find it easy (for A) to *do*

練習問題　次の文を英訳しなさい。

1. いつ宇宙が始まったのかは謎のままだ。

It _____

2. 科学技術のおかげで，私たちは快適に暮らせるようになった。
＊makeを用いて

Technology _____

3. 犬が15年生きるのは珍しいことではない。

It _____

（学習院大）

入試レベルにチャレンジ

解答と解説

> **解答** It remains a mystery when the universe began [started / originated].

POINT 形式主語構文を正しく使う

書き出しがItのため，when ...「いつ…か」を真主語とする形式主語構文を使います。「謎のままだ」はremains a mystery を使います。

◯ It is still a mystery when ...

◯ It is still unknown when ...

（「謎のままだ」は「まだわからない」と考え，is still unknown を使うこともできます）

◯ It still isn't known when ...

> **解答** Technology has made it possible for us to live comfortably.

POINT 形式目的語構文を正しく使う

書き出しがTechnologyで，「makeを用いて」との指示があるため，「科学技術が，私たちが快適に暮らすことを可能にした」という意味の形式目的語構文を使います。現在も快適に暮らしていると考えられることから，現在とのかかわりを表すために現在完了形を使います（☞LESSON 06時についての表現❷参照）。「科学技術」はtechnology の1語で表せます。「快適に暮らす」はlive comfortably やlive a comfortable life，lead comfortable lives を使います。

> **解答** It is not rare [not unusual / common] for a dog [dogs] to live for 15 years.

POINT 形式主語構文を正しく使う

It を形式主語，to不定詞句を真主語とする形式主語構文を作ります。「犬」は一般的な犬なので，a dog やdogs を使います。「珍しくない」はnot rare やnot unusual のほか，「よくあることだ」と考え，common を使うこともできます。

◯ It is common that dogs live for 15 years.

（It を形式主語，that節を真主語とする形式主語構文を作ることもできます）

関連表現

1 ここから最寄り駅まで徒歩5分だ。
It takes 5 minutes to walk from here to the nearest station.

POINT 「(人が)…するのに〈時間〉がかかる」はIt takes (人)〈時間〉to *do*

・It は to 不定詞句を真主語とする形式主語です。
・take は「必要とする」という意味で,目的語に〈時間〉〈労力〉などをとります。

2 飛行機でニューヨークまで行くのに500ドルかかった。
It cost me 500 dollars to go to New York by plane.

POINT 「(人が)…するのに〈お金〉がかかる」はIt costs (人)〈お金〉to *do*

・It は to 不定詞句を真主語とする形式主語です。
・cost は過去形も cost なので,形に注意が必要です。
・「飛行機で…に行く」は go to ... by plane や fly to ... を使います。

3 大阪から東京までは,およそ500キロ離れている。
It is about 500 km from Osaka to Tokyo.

POINT 「AからBまで…の距離だ」はIt is ... from A to B

・ここでの It は「距離の it」とも言われます。

4 まもなく一緒に川へ釣りに行けるでしょう。
It won't be long before we go fishing in the river.

POINT 「まもなく…」はIt won't be long before ...

・ここでの It は「時の it」とも言われます。「…する前の時間は長くないでしょう」
が直訳です。before ... は時の意味の副詞のカタマリですから,未来のことでも
現在形を使っています(☞LESSON 05 時についての表現❶参照)。
・「川へ釣りに行く」は go fishing in the river を使います。

 形式目的語構文は,無生物主語構文(☞LESSON 14 無生物主語の表現参照)でも
使う形です。この機会に押さえておきましょう。

14

無生物主語
の表現

WHAT TO LEARN

この章では，無生物主語を使った表現について学習します。主語を変えることで表現の幅は広がります。どのような場合に無生物主語の表現を使うのかを意識しながら学習しましょう。

WARM UP!　　日本文に合うように，(　　　)内の語を並べかえなさい。

1　　この薬を飲めば気分がよくなるだろう。　　　　　　　　*1語不要

This medicine (take / you / will / feel / make) better.

2　　大雨のせいで，私たちはハイキングに出かけられなかった。　*1語不要

The heavy rain (from / prevented / couldn't / going / us / on) a hike.

VOCABULARY

1 ▶ 薬 medicine　▶ 気分がよくなる feel better
2 ▶ 大雨 heavy rain　▶ ハイキングに出かける go on a hike

1 | This medicine will make you feel better.

この薬を飲めば気分がよくなるだろう。

▶ **BASICS** 「薬を飲めば…する」は「薬が…させる」

「薬を飲めば気分がよくなる」という日本語は,「あなた」を主語とする言い方です。「あなた」は人ですが,人以外のものを主語にして同じ意味を表すこともできます。例えば,「薬はあなたに気分をよくさせる」という日本語では,「薬」が主語になっています。このように考えれば,S make O *do*「SによってOは…する」=「SはOに…させる」の形を使って表すことができるのです(☞ LESSON 03「させる」の表現参照)。主語を変えることによって,表現の幅を広げましょう。

▶▶ **STEP UP!** 主語を変えることで,書ける範囲を広げよう

本問を「あなた」を主語にして書くと,次のようになります。「薬を飲む」の「飲む」は,飲み薬の場合にはdrinkを使うこともありますが,基本的にはtakeを使います。

○ If you take this medicine, you'll feel better.

このようにtake medicineという表現を知っていれば,「あなた」を主語にした英文も自信を持って書くことができます。しかし,この表現を知らない場合,無理をして書くことはキケンです。誤りの文にならないよう,自信のない表現はできるだけ避け,失点を防ぐのが入試英作文の鉄則です。

そこで重要なのが「主語を変えてみる」という発想です(例えば「薬」を主語にしてみるという発想です)。主語を変えることによって,述語以下もガラッと変わります。それまで何と書いたらいいのかわからず行き詰まっていた場合でも,主語を変えたとたんにスラスラ書けるようになる,なんてことはよくあるものです。日頃から「主語を変えてみること」を意識しながら英作文を書いてみましょう。

KEY PHRASES
「SによってOは…する」=「SはOに…させる」
S make O *do*

2 | The heavy rain prevented us from going on a hike.

大雨のせいで，私たちはハイキングに出かけられなかった。

▶ **BASICS** 「大雨のせいで…できなかった」は
「大雨が…するのを妨げた」

「大雨のせいで，ハイキングに出かけられなかった」は「私たち」を主語にした
表現です。そのまま英語にすると，次のようになります。

🔵 Because of the heavy rain, we couldn't go on a hike.

しかし，本問では書き出しがThe heavy rainになるという指定があります。そ
こで，「大雨」を主語にした文を考えます。「大雨が，私たちがハイキングに出か
けるのを妨げた」という無生物主語の表現を考え，S prevent O from *doing*
「SによってOは…できない［しない］」＝「SはOが…するのを妨げる」の形を
使います。

▶▶ **STEP UP!** さまざまな無生物主語構文を押さえよう

「人を主語にした表現」と「無生物主語の表現」の両方を使えるようになれば，
表現の幅が広がります。無生物主語の表現が使われるのは，主に次のような場
面です。例文で確認しておきましょう。

・主語が原因や理由を表す場合
例 The news made us sad.
　その知らせによって［その知らせを聞いて］私たちは悲しかった。

・主語が条件や手段を表す場合
例 Ten minutes' walk will take you to the station.
　10分歩けば［歩くことによって］駅に着くだろう。

KEY PHRASES
「SによってOは…できない［しない］」＝「SはOが…するのを妨げる」
S prevent O from *doing*

練習問題　次の文を英訳しなさい。

1. なぜ彼はあんなことを言ったのか。

＊[1]はmakeを用いて

[1] What _____ ?

[2] Why _____ ?

2. この写真を見るといつも，私は学生時代を思い出す。

＊[1]はremindを用いて

[1] This photograph _____

[2] Whenever _____

3. この美しい景色を見るとふるさとを思い出す。

_____

（日本女子大）

解答と解説

解答 [1] What made him say <u>such a thing [that]</u>?
　　 [2] Why did he say such a thing?

POINT 「なぜ…したのか」は「何が…させたのか」

「なぜ彼はあんなことを言ったのか」は「何が彼にあんなことを言わせたのか」と言い換えられるため，make O do「Oに…させる」の形を使います。「あんなこと」は such a thing や that を使います。

解答 [1] This photograph always reminds me of my school days.
　　 [2] Whenever I see this photograph, I remember my school days.

POINT 「写真を見ると…を思い出す」は「写真は…を思い出させる」

「この写真を見ると，私は…を思い出す」は「この写真は私に…を思い出させる」と言い換えられるため，remind A of B「AにBを思い出させる」の形を使います。「私」を主語にする場合，「…するときはいつも」は whenever SV ... を使います。
○ Whenever I see this photograph, I think of my school days.
　（「思い出す」は think of を使って書くこともできます）

解答 This beautiful [wonderful] scenery [view / scene / landscape] reminds me of my hometown.

POINT 「景色を見ると…を思い出す」は「景色は…を思い出させる」

「…を見ると，～を思い出す」は「…は～を思い出させる」と言い換えられるため，remind A of B「AにBを思い出させる」を使います。
○ When I see this wonderful scenery, I remember my hometown.
　（主語を「私」にして書くこともできます）

関連表現

1 彼の結婚の知らせを聞いて，私たちは驚いた。
The news of his marriage surprised us.

POINT 「知らせを聞いて私たちは驚いた」は「知らせが私たちを驚かせた」

・「彼の結婚の知らせ」はthe news of his marriageやthe news that he got married を使います。

2 新聞によると，首相は来月ベトナムを訪れるそうだ。
The newspaper says that the prime minister will visit Vietnam next month.

POINT 「新聞によると…」は「新聞が…と言っている」

・「首相」はthe prime ministerやthe Prime Minister を使います。

・「ベトナムを訪れる」はvisit Vietnamやgo to Vietnam を使います。

・「来月」はnext month を使います。in next month は誤りの形です。

3 勤勉な練習のおかげで，彼女はバイオリンコンテストで1等賞をとれた。
Her hard practice enabled her to win first place in the violin contest.

POINT 「〜のおかげで…できた」は「〜が…することを可能にした」

・「O が…することを可能にする」はenable O to do の形を使います。

・「1等賞をとる」はwin (the) first place を使います。

・「バイオリンコンテストで」はin the violin contest を使います。

4 ひどい頭痛のせいで，彼女は一晩中起きていた。
The severe headache kept her awake all night.

POINT 「〜のせいで…した」は「〜が…させた」

・「〜が彼女を起きている状態にした」と考え，kept her awake を使います。

・「ひどい頭痛」はsevere [terrible / bad] headache を使います。

・「一晩中」はall night を使います。

 表現で迷ったら，本章で学んだことを思い出し，主語を変えてみましょう。

15

比較
の表現❶

WHAT TO LEARN

この章では,【比較】の表現を学習します。比較という分野は,苦手とする受験生がとても多いところです。この章ではまず,比較の文の基本的な仕組みと作り方を身につけましょう。

WARM UP! 日本文に合うように,(　　　)内の語(句)を並べかえなさい。

1 イタリアの気候はフィンランドよりも暖かい。

The (of / that / Italy / climate / warmer / is / than) of Finland.

2 アメリカの面積は日本の25倍以上だ。

The U.S. is (as / 25 times / more than / as / large) Japan.

VOCABULARY

1 ▶ イタリア Italy　▶ 気候 climate　▶ フィンランド Finland　▶ 暖かい warm
2 ▶ アメリカ the U.S.　▶ 日本 Japan　▶ 25倍 25 times　▶ …以上 more than ...

1 | The climate of Italy is warmer than that of Finland.

イタリアの気候はフィンランドよりも暖かい。

▶ BASICS 比較の文は「もとになる文」を考えよう

比較の文を書くときは「もとになる文」を考えます。例えば **WARM UP! 1**の文では，次のような文がもとになっています。

The climate of Italy is warm.（イタリアの気候は暖かい）

※「もとになる文」の中には，形容詞や副詞が入っている必要があります。この形容詞や副詞は「比較の基準となる語」ですから，どの比較の文にもあります（上の文ではwarmという形容詞が入っています）。warmを比較級warmerに変えると「より暖かい」という意味になりますから，あとはthan以下に比較対象を置けば比較の文の出来上がりです。

▶▶ STEP UP! 「気候」と「気候」を比べよう

The climate of Italy is warmer than Finland. としてしまうミスが非常に多いところです。「イタリアの気候はフィンランドよりも暖かい」という日本語は，一見すると「イタリアの気候」と「フィンランド」を比べているようにも見えます。しかし，実際に比べられているのは「イタリアの気候」と「フィンランドの気候」です。英語では，日本語とは異なり，実際に比べているものをはっきりと書く必要があります。そこで，次のような文を作ります。

The climate of Italy is warmer than the climate of Finland.

※ このとき，2回目に出てくるthe climateは繰り返しになっていますから，that「それ」で表しましょう。ちなみに，繰り返しになる語が複数形（―s）の場合は，those「それら」で表します。

例 The prices today are higher than those in the 1980s.
今日の物価は1980年代のそれ（物価）よりも高い。

KEY PHRASES

「Aの【名詞】はBのそれ［それら］よりも…だ」
【名詞】 of A is [are] 比較級 ... than that [those] of B

2 | The U.S. is more than 25 times as large as Japan.

アメリカの面積は日本の25倍以上だ。

▶ BASICS 「面積は…倍以上」＝「…倍以上大きい」

問題文の書き出しがThe U.S. is ...「アメリカは…である」となっていて，主語があらかじめ決まっています。「面積」という日本語は，「大きさ」や「広さ」と言い換えられるため，「大きい，広い」という意味のlargeを使って「アメリカは日本の25倍以上大きい」と言い換えます。このように「比較の基準となる語」（ここではlarge）を含む文を考えることが，比較の文を書くときの出発点です。

▶▶STEP UP! さまざまな倍数表現を押さえよう

・「…倍〜」という表現（倍数表現）は大学入試でも頻出です。重要な表現について確認しておきましょう。まず，「…の半分」と言いたいときはhalfを使います。much moneyのように，「比較の基準となる語」（ここではmuch）が名詞（ここではmoney）にかかっている場合，全体をasとasの間にはさむ必要があることに注意しましょう。

例 ⭕ She spent half as much money on food as (she did) on clothes.
　　❌ She spent half as much as money on food (she did) on clothes.
　　彼女は服にかけるお金の半分を食べ物にかけた。

・「…の2倍」と言うときは，twiceを使います。

例 It took twice as long by train as (it did) by car.
　　電車では車の2倍の時間がかかった。

・「AはBの…倍〜」はA ＋ ... times as 〜 as ＋ Bを使って表します。**WARM UP! 2**の文は「25倍」となっていますから，25 times as large asを使います。

・「…以上」はmore than ... やover ... を使います。

KEY PHRASES

「AはBの半分…」	A half as ... as B
「AはBの2倍…」	A twice as ... as B
「AはBのx倍…」	A x times as ... as B

練習問題 次の文を英訳しなさい。

1. 彼はクラスメートたちと遊んでいるときよりも，一人で本を読んでいるときの方が幸せに感じる。

_____

2. この図書館の蔵書は地元の図書館の3倍以上だ。

This library _____

3. 私たちは真実しか言わない人よりも，社交的なウソつきに好意を持つのです。

_____

（東京学芸大）

解答と解説

<blockquote>
解答　He feels happier when (he is) reading a book alone than when (he is) playing with his classmates.
</blockquote>

POINT 比較の対象をそろえる

比較の対象を when ... でそろえ，than when ... とすることがポイントです。

⭕ He **is** happier when ...

⭕ ... when (he is) reading a book **by himself** than when ...

⭕ ... when (he is) reading **books** alone than when ...

❌ ... **than he is playing** with his classmates.
　　　比較の対象は「一人で本を読んでいるとき」と「クラスメートたちと遊んでいるとき」です

<blockquote>
解答　This library has more than three times as many books as the local library.
</blockquote>

POINT 名詞をSVで言い換える

「(図書館の)蔵書」を「(図書館が)本を持っていること」と言い換えることがポイントです。many を「比較の基準となる語」にした This library has many books ... という文をもとに，比較の文を作ります。

⭕ This library has **over** three times as many books as the local library.

❌ This library has more than three times **as many as books** the local library.
　　　　　　　　　　　　　　　as と as の間に many books をはさむのが正しい形です

⭕ This library has over three times **more books than** the local library.
（比較級を使うこともできます）

<blockquote>
解答　We like a social liar better than (we do) a person who only tells the truth.
</blockquote>

POINT 「好意を持つ」を「好きだ」と言い換える

「AがBよりも好きだ」は like A better [more] than B を使います。

⭕ We like **a social person who lies [tells lies]** more than ...

⭕ We like **social liars [social people who tell lies]** more than ...

❌ We like a social liar ▢ than ...　than があるので，比較級が必要です

⭕ ... than (we do) **people telling only the truth.**

関連表現

---

1 彼女は今朝，いつもよりも30分早起きした。
She got up half an hour earlier than usual this morning.

POINT 「いつもより早く」はearlier than usual
・「起きた」は got up や woke up を使います。
・差を表す「30分」は half an hour や thirty minutes を使い，earlier の前に置きます。
・「今朝」は this morning を使います。in this morning は誤りの形です。

2 修学旅行は思ったよりずっと楽しかった。
The school trip was much more fun than I (had) expected.

POINT 「思ったより楽しい」はmore fun than I (had) expected
・「修学旅行」は school trip や school excursion を使います。
・「ずっと」は比較級の強調表現 much や by far を使います。

3 沖縄は思ったほど暑くなかった。
It was not as hot as I (had) expected in Okinawa.

POINT 「思ったほど暑くない」はnot as hot as I (had) expected
・「暑くない」は天候の it を用いて表します。

4 彼は終電に間に合うよう，できる限り速く走った。
He ran as fast as possible [he could] to catch the last train.

POINT 「できる限り速く走る」はrun as fast as possible [he can]
・「走る」は run を使います。
・「終電に間に合う」は catch the last train や be in time for the last train を使います。

 比較の表現は，グラフ問題でデータを比較する際にもよく使われます。この機会に比較の正しい形を確認しておきましょう。

16

比較
の表現❷

この章では,【比較】の表現の中でも最上級相当表現とthe比較級 ... , the比較級
〜の文を学習します。正しい形を書ける受験生が意外と少ない分野です。正しい
形を身につけて,周りと差をつけましょう。

WARM UP! 　日本文に合うように,(　　　)内の語(句)を並べかえなさい。

1 適度な運動ほど健康に良いものはない。

Nothing (as / good for / your / health /
is) as moderate exercise.

2 高く登れば登るほど,気温は低くなった。

The (we / climbed up, / became / it / the
colder / higher).

VOCABULARY

1 ▶ 適度な運動 moderate exercise　▶ 健康 one's health　▶ …に良い good for ...

2 ▶ 高く登る climb up high　▶ 気温が低い cold

1 | Nothing is as good for your health as moderate exercise.

適度な運動ほど健康に良いものはない。

▶ BASICS 「Aほど…なものはない」を表す 比較の表現を押さえよう

「適度な運動ほど健康に良いものはない」という日本語は，Nothing is as ... as A「Aほど…なものはない」という表現を用いて表すことができます。これは，「適度な運動が健康に最も良い」ことを意味しており，最上級相当表現と呼ばれることもあります。最上級相当表現では，be動詞だけでなく，次の例のように一般動詞（irritate など）を使う形もあります。

例 Nothing irritates me as much as waiting for a long time.
　長時間待つことほど私をイライラさせるものはない。

▶▶ STEP UP! 主語を変えた，同じ意味の さまざまな表現を確認しよう

・英作文では主語を変えることにより，同じ内容についてさまざまな表現をすることができます。例えば，**WARM UP!** 1の文の主語を Moderate exercise に変えて，比較級を使うと次のようになります。than anything else は「他のどんなものよりも」という意味の表現です。

例 Moderate exercise is better for your health than anything else.
　適度な運動は，他のどんなものよりも健康に良い。

・主語を Moderate exercise に変えて，最上級で表すこともできます。

例 Moderate exercise is (the) best for your health.
　適度な運動は，健康に最も良い。

・主語を変えずに比較級を用いてほぼ同じ意味を表すこともできます。

例 Nothing is better for your health than moderate exercise.
　適度な運動ほど健康に良いものはない。

KEY PHRASES

「Aほど…なものはない」
Nothing is as ... as A / Nothing is 比較級 ... than A /
A is the 最上級 ... / A is 比較級 ... than anything else

2 | The higher we climbed up, the colder it became.

高く登れば登るほど，気温は低くなった。

**「…すればするほどますます〜」を表す
比較の表現を押さえよう**

「…すればするほど（その分）ますます〜」は, the 比較級 … , the 比較級〜を用いて表すことができます。

▶▶STEP UP! 間違いやすい形に注意しよう

The more we climbed up high, the more it became cold. としてしまうミスがとても多いところです。このようなミスを防ぐためには，「もとの２文を考える」ことが大切です。まずは，次の２文を見てください。

① We climbed up high.（高く登った）② It became cold.（気温が低くなった）

the 比較級 … , the 比較級〜の文は，このような２文がもとになっています。①の high「高く」という副詞を比較級にして the をつけて前に出したのが，the higher we climbed up という表現，②の cold「気温が低い」という形容詞を比較級にして the をつけて前に出したのが，the colder it became という表現です。このように，比較級にできる形容詞や副詞などを含むもとの文を考えると，正しく書くことができます。なお，次のような文は語順に注意が必要です。

例 ⭕ The harder you study, the more books you need.

　　❌ The harder you study, the more you need books.

　　一生懸命勉強すればするほど，ますます多くの本が必要になる。

※ もとの文は①You study hard.と②You need many books.ですが, manyをthe moreにして, それだけを前に出してしまうミスが多いところです。形容詞と名詞がくっついているときはひとかたまりで前に出しましょう。

「…すればするほど〜」は「…につれて〜」と考え，接続詞as を使って書くこともできます。

⭕ As we climbed up higher, it became colder.

KEY PHRASES

「**…すればするほど〜**」 the 比較級 … , the 比較級 〜

練習問題 次の文を英訳しなさい。

1. 入浴ほどリフレッシュできるものはない。

Nothing _____

2. 長時間働けば働くほど, 私はますます疲れてしまった。

The _____

3. 注意深ければ注意深いほど, 間違いを犯さなくなる。

The more _____

（学習院大）

解 答 と 解 説

解答 Nothing is as refreshing as taking [having] a bath.

POINT 最上級相当表現 Nothing is as ... as A

「入浴ほどリフレッシュできるものはない」は「お風呂に入ることほどリフレッシュさせるものはない」と考えます。「リフレッシュさせる」は refreshing を使います。

○ Nothing is more refreshing than taking [having] a bath.

○ Nothing makes me as refreshed as taking [having] a bath.

✘ Nothing is as refreshed as taking a bath.
　refreshed は「リフレッシュさせる」ではなく「リフレッシュしている」という意味です

解答 The longer I worked, the more tired I got [was / became].

POINT もとの2文を考える

the 比較級 ... , the 比較級〜を使います。① I worked long. ② I got [was / became] tired. の2文をもとにして考えます。

○ The more time I spent working ...
　（もとの文は I spent much time working.）

✘ The more I worked long ...　long の比較級 longer を使います

✘ ... the more I got tired.　tired の比較級 more tired を使います

解答 The more careful you are, the fewer mistakes you('ll) make.

POINT もとの2文を考える

the 比較級 ... , the 比較級〜を使います。① You are careful. ② You('ll) make few mistakes. の2文をもとにして考えます。

○ The more carefully you do something ...
　（もとの文は You do something carefully.）

✘ The more you are careful ...　careful の比較級 more careful を使います

○ ... the less you make mistakes.
　（the less ... で「ますます…ない」の意味を表せます）

✘ ... the fewer you make mistakes.　fewer mistakes ひとかたまりで前に出します

✘ ... the more you make few mistakes.　few の比較級 fewer を使います

関連表現

---

1 彼には欠点があるから，その分ますます彼のことが好きだ。
I like him all the better because he has some faults.

POINT 「～だからその分ますます…」はall the 比較級 ... because ～

・「好きだ」は like や love を使います。
・「その分ますます」は all the better や all the more を使います。
・「彼には欠点があるから」は because he has some faults や for his faults を使います。

---

2 5,000円以上は持っていくべきだ。
You should take more than 5,000 yen with you.

POINT 「5,000円以上」はmore than 5,000 yen

・「持っていく」は take ... with you を使います。

---

3 先日パーティに来た人は10人未満だった。
Fewer than 10 people came to the party the other day.

POINT 「10人未満」はfewer than 10 people

・「パーティに来た」は came to the party を使います。
・「先日」は the other day を使います。

---

4 今朝，私は昨日よりもさらに早く起きた。
This morning I got up even earlier than yesterday.

POINT 「さらに早く」はeven earlier

・「今朝」は this morning を使います。in this morning は誤りの形です。
・「起きた」は got up や woke up を使います。

 最上級相当表現やthe 比較級 ... , the 比較級 ～の文は，正しく書けるだけで周りと差をつけることができます。正しい形を確認しておきましょう。

17

「…する【名詞】」
の表現❶

この章では，分詞（*doing* と *done*）を使って名詞を修飾する表現について学習します。どのような時に *doing* を使い，どのような時に *done* を使うのか，区別の基準をマスターしましょう。また, to *do* を使った表現についても学習します。to *do* のカタマリが名詞を修飾するときの形を丁寧に確認しましょう。

日本文に合うように,（　　）内の語（句）を並べかえなさい。

1   これが,配達に使っている車だ。   ＊1語（句）不要

This is the (using for / used for / car / delivery).

2   彼は,泊まるホテルをインターネットで探している。

He is looking for a (to stay / on / at / hotel / the Internet).

1 ▶ 配達 delivery　2 ▶ …に泊まる stay at …
▶ インターネットで on the Internet　▶ …を探す look for …

1 | This is the car used for delivery.

これが，配達に使っている車だ。

▶ **BASICS** 「配達に使っている」 = 「配達に使われている」

「これが車だ」は This is the car. で表せます。「配達に使っている」は「配達に使われている」と考え，used for delivery（過去分詞句）を使います。

▶▶ **STEP UP!** よく似た誤りの形に注意しよう

「配達に使っている」という日本語につられて，This is the car using for delivery. としてしまう誤りが多いところです。確かに，「…する，…している」という能動の意味は *doing*（現在分詞）の形で表します。また，「…される，…された，…されている」という受動の意味は *done*（過去分詞）の形で表します。しかし，日本語だけを見ていると使い方を間違ってしまいます。分詞句で名詞を修飾する場合は，修飾される名詞と修飾する分詞句の間に主語と述語の関係があり，それが能動か受動かを考えなければなりません。

　【名詞】主語　　　【分詞句】述語
例 a cat sleeping on the sofa　（ソファで眠っている猫）

※ 名詞と分詞句の間に主語と述語の関係があり，両者の間には，「猫が眠っている」という能動関係があります。このような場合に *doing*（現在分詞）を使います。これと異なり，*done*（過去分詞）を使う例も見ておきましょう。

　【名詞】主語　　　【分詞句】述語
例 a letter written in English　（英語で書かれた手紙）

※ 名詞と分詞句の間に主語と述語の関係があり，両者の間には，「手紙が英語で書かれる」という受動関係があります。このような場合に *done*（過去分詞）を使います。注意が必要なのは，受動や能動の関係を自分で読み取らなければならないということです。このとき，日本語の表現はあてになりません。上の例でも「英語で書いた手紙」と言うこともあり，能動関係があるように見えるのです。分詞句を用いて名詞を修飾するときは，主語と述語の間にある実際の関係（能動か受動か）を確認しながら書くようにしましょう。

KEY PHRASES

「…する A，…している A」　　　　　A *doing*（能動関係）
「…される A，…された A，…されている A」　A *done*（受動関係）

2 | He is looking for a hotel to stay at on the Internet.

彼は，泊まるホテルをインターネットで探している。

▶ BASICS 「泊まるホテル」はa hotel to stay at

「泊まるホテル」は，stay at a hotel「ホテルに泊まる」を前提にした，a hotel to stay at（to不定詞の形容詞用法）を用いて表します。

▶▶ STEP UP! 間違いやすい形に注意しよう

・He is looking for a hotel to stay on the Internet. という誤りの形が多いところです。to不定詞の形容詞用法の中でも，修飾するto不定詞句と修飾される名詞の間に動詞・目的語の関係（VO関係）が成り立つ場合，原則としてto不定詞の目的語が欠けた形になります。

【名詞（O）】　【to不定詞句（V）】to readのOが欠けている
例 something to read（読むもの［読むべきもの］）

【名詞（O）】　【to不定詞句（V）】to listen toのOが欠けている
例 something to listen to （聞くもの［聞くべきもの］）

・to不定詞の形容詞用法には，VO関係以外にも，次のような関係があります。それぞれの形を確認しておきましょう。

【SV関係】
【名詞（S）】　【to不定詞句（V）】
例 someone to go there （そこに行くべき人）

【同格関係】
【名詞 = to不定詞句】
例 the ability to swim（泳ぐ能力）

KEY PHRASES

「…するA，…するためのA，…すべきA」　　A to *do*
※to *do* とAの間にVO関係がある場合，to *do* の目的語は欠けた形にする

練習問題	次の文を英訳しなさい。

1. 頂上から見るその町は美しかった。

The town _____

2. ペンを忘れました。<u>何か書くものを貸してもらえませんか</u>。

Will _____

3. 明日コンサートに一緒に行ってくれる人を探しています。

_____

（日本女子大）

解答と解説

解答 The town seen from the <u>top of the mountain [summit /
peak]</u> was beautiful.

POINT 「その町」は「見られる」

「頂上から見るその町」は，主語と述語の間に「その町が頂上から見られる」という受動関係があるため，過去分詞句を使って表します。日本語の「見る」という能動的な表現に惑わされないよう注意が必要です。

○ The town which was seen from the top of the mountain was beautiful.
（関係代名詞節も使えます（☞LESSON 18「…する【名詞】」の表現❷参照））

○ The town looked beautiful from the top of the mountain.
（look「…に見える」も使えます（☞LESSON 02「見える」「聞こえる」の表現参照））

✖ The town seeing from the top of the mountain was beautiful.
seeingだと「その町が見る」という能動関係になってしまいます

解答 I forgot to bring my pen. <u>Will you lend me something to
write with?</u>

POINT write with somethingをもとに考える

「何か書くもの」は something to write with を使います。問題文の1文目から，ここでの「書くもの」とはペンのようなものであることがわかり，ペンなどの筆記具の場合には write with ... という表現を使うため，write with something という表現を前提に考えます。

○ Will you lend me something (that) I can write with?
（関係代名詞節も使えます（☞LESSON 18「…する【名詞】」の表現❷参照））

✖ Will you lend me something to write ⬛⬛? withが必要です

✖ Will you lend me something to write about [on]?
aboutの場合は「書くためのテーマ」，onの場合は「ノートのような書くもの」という意味になります

解答 I'm looking for someone [a person] to go to a [the] concert
with me tomorrow.

POINT SV関係のto不定詞

○ I'm looking for someone that [who] will go to the concert with me tomorrow.
（関係代名詞節も使えます（☞LESSON 18「…する【名詞】」の表現❷参照））

✖ I'm looking for someone to go to the concert together tomorrow.
togetherは主語が複数の時に使います

関連表現

---

1 彼は昨年，中古車を買った。
He bought a used car last year.

POINT 「中古車」はa used car

・「昨年」は last year を使います。

---

2 動物については，広く支持される考えがある。
There is a widely held belief about animals.

POINT 「広く支持される考え」はa widely held belief

・「動物については」は about animals を使います。

---

3 言語を習得する最良の方法は，それを何度も使うことだ。
The best way to learn a language is to use it many times.

POINT 「…する最良の方法は〜することだ」はThe best way to *do* is to *do*

・「習得する」は learn や acquire，pick up，get good at を使います。
・「何度も」は many times や again and again, over and over again を使います。

---

4 これが明日の会議で話し合う予定の問題だ。
This is the issue to be discussed in the meeting tomorrow.

POINT 「話し合う予定の問題」はthe issue to be discussed

・「明日の会議で」は in the meeting tomorrow や in tomorrow's meeting を
使います。

 名詞修飾の表現を身につけると，複雑な和文英訳が書けるようになるだけでなく，自由英作文で自分の意見を述べる際も，表現の幅が広がります。どのようなときにどのような形を用いて修飾するのかを正しく覚えておきましょう。

「…する【名詞】」
の表現❷

この章では，関係代名詞の使い方について確認します。関係代名詞については，深く考えずに that を使って文と文をつなぎ，失点してしまう答案がよく見られます。関係代名詞節の正しい形を確認しましょう。

日本文に合うように，（　　）内の語（句）を並べかえなさい。

1 こちらは私が学生時代によく来た古書店です。

This is the secondhand bookstore (I / to / often came / that) as a student.

2 煙突がここから見える家が，私の家です。

The house (you / chimney / from here / whose / can / see) is mine.

1 ▶ 学生時代に as a student　▶ …に来る come to …
▶ 古書店 secondhand bookstore　2 ▶ 煙突 chimney　▶ ここから from here

1 | This is the secondhand bookstore that I often came to as a student.

こちらは私が学生時代によく来た古書店です。

▶ BASICS 関係代名詞の後ろは，名詞が欠けた形

that I often came to という関係代名詞のカタマリを作り，the secondhand bookstore の直後に置きます。came to の後ろに名詞が欠けた形を作るのがポイントです。このような形になるのは，I often came to the secondhand bookstore as a student. という文の the secondhand bookstore を関係代名詞 that [which] に変えて，前に出したためです。

▶▶ STEP UP! よく似た誤りの形に注意しよう

・This is the secondhand bookstore that I often came 〔toが必要です〕 as a student. としてしまう誤りが多いところです。come は自動詞で，came the secondhand bookstore という形は誤りですから，上のような形も誤りです。関係代名詞の後ろは名詞が欠けた形になることを覚えておきましょう。

・visit O「O を訪れる」という他動詞を用いる場合は，visited the secondhand bookstore は正しい形です。そのため，次のような文も正しい形です。
- ◯ This is the secondhand bookstore that I often visited as a student.

・WARM UP! 1の文の関係代名詞は省略することができ，くだけた言い方では省略するのがふつうです。
- ◯ This is the secondhand bookstore 　 I often came to as a student.
  〔関係代名詞の省略〕

・前置詞＋関係代名詞の形を用いて表すこともできます。
- ◯ This is the secondhand bookstore to which I often came as a student.

※ これはcame to the secondhand bookstoreのto the secondhand bookstoreをto whichに変えて，前に出した形です。この場合，前置詞＋関係代名詞の後ろは名詞が欠けていない形になります。前置詞＋関係代名詞の形ではthatは使えないため，to that I often came ... は誤りの形です。

KEY PHRASES 「…するA」

A ＋関係代名詞＋名詞が欠けた形 ...

A ＋前置詞＋関係代名詞＋名詞が欠けていない形 ...

2 | The house whose chimney you can see from here is mine.

煙突がここから見える家が，私の家です。

▶ BASICS　関係代名詞whoseは名詞とセットで使う

「（その）煙突がここから見える」は，所有格の関係代名詞whoseを用いて，whose chimney you can see from hereで表せます。これは，You can see its chimney from here.「その煙突がここから見える」という文の，所有格itsを所有格の関係代名詞whoseに変えて，whose chimneyというwhose＋名詞のセットごと前に出してできたものです。

▶▶ STEP UP!　間違いやすい形に注意しよう

・次のようなミスが多いところです。

✖ The house is mine whose chimney you can see from here.
　　関係代名詞節は，先行詞（ここではThe house）の直後に置くのが原則です

・また，次のようなミスも見られます。

✖ The house whose chimney you can see it from here is mine.
　　次の図からもわかるように，seeの目的語はwhose chimneyですから，seeの後ろに目的語は不要です

> whose chimney you can see from here
> 　　O　　　　　S　　V

・さらに，次のような誤りにも注意が必要です。

✖ The house that you can see its chimney from here is mine.

※ 文構造を意識せずに，日本語の意味だけを見て書こうとするとこのような文になってしまいます。関係代名詞thatの後ろは名詞が欠けた形にしなければなりませんから，注意が必要です。

・You can see the chimney of it from here.「その煙突がここから見える」という文のitを目的格の関係代名詞に変えて，the chimney of whichごと前に出した文を作ることもできます。

⭕ The house the chimney of which you can see from here is mine.

KEY PHRASES　「その…が〜するA」

A＋関係代名詞whose＋名詞 ... 〜

練習問題 次の文を英訳しなさい。

1. 私たちが泳いだ湖は, 有名だ。

The lake _____

2. 私は屋根が赤い家に住んでいる。

I live in _____

3. 自分で意味が分からないような言葉を使わないようにと先生に言われました。

_____

(日本女子大)

> 解答 The lake (that [which]) we swam in is famous [well known].

POINT 「私たちが泳いだ」は**that we swam in**

「私たちが泳いだ」は We swam in it. を前提とした関係代名詞節 that [which] we swam in を使って表します。

⭕ The lake in which we swam is famous.

（前置詞＋関係代名詞も使えます）

⭕ The lake where we swam is famous.

（関係副詞節も使えます（☞ LESSON 19「…する【名詞】」の表現❸参照））

❌ The lake (that [which]) we swam ▢ is famous.
swim は自動詞なので in が必要です。関係代名詞の後ろは名詞が欠けた形にする必要があります

> 解答 I live in a house whose roof is red.

POINT 「（その）屋根が赤い」は**whose roof is red**

「（その）屋根が赤い」は Its roof is red. を前提とした関係代名詞節 whose roof is red を使って表します。

⭕ I live in a house that [which] has a red roof.

⭕ I live in a house with a red roof.

⭕ ... a house the roof of which is red.

（関係代名詞 that [which] や with A「A のある」や the roof of which も使えます）

❌ ... a house that [which] its roof is red. that [which] の後は名詞が欠けます

❌ ... a house which roof is red. 所有格の関係代名詞は whose です

> 解答 The [My] teacher told me not to use a word whose meaning I don't know [understand].

POINT 「（その）意味が分からない」は**whose meaning I don't know**

⭕ I was told by my [the] teacher not to use words ...

❌ I was said ... not to ... be said to *do* は伝聞の意味です（☞ LESSON 01「言う」の表現参照）

⭕ ... the meaning of which I don't know.

⭕ ... that [which] I don't know the meaning of.

❌ ... that [which] I don't know its meaning. that [which] の後は名詞が欠けます

❌ ... which meaning I don't know. 所有格の関係代名詞は whose です

関連表現

---

1 彼女は古い寺で有名な京都を訪れた。

She visited Kyoto, which is famous for old temples.

POINT 固有名詞（1つしかないもの）の説明は, コンマ＋関係代名詞

・「古い寺で有名な」は famous for old temples を使います。

・, that … は誤りの形です。　that はコンマ＋関係代名詞の形では, 原則として使いません

---

2 私は, テニスをしている彼女の母親と話した。

I talked with her mother, who plays tennis.

POINT 1人しかいない人の説明は, コンマ＋関係代名詞

・「…と話した」は talked with … や talked to … を使います。

・, that … は誤りの形です。　that はコンマ＋関係代名詞の形では, 原則として使いません

---

3 トムはリリーと結婚したが, 私たちはそれに驚いた。

Tom married Lily, which surprised us.

POINT 文の補足説明は, コンマ＋which

・「…と結婚した」は married … や got married to … を使います。

・「私たちはそれに驚いた」は, which surprised us や, which was surprising to us を使います。

---

4 正直だと思っていた人がうそつきだとわかった。

The person who I thought was honest turned out to be a liar.

POINT 「正直だと思っていた人」はthe person who I thought was honest

・「…だとわかった」は turned out to be … や proved to be … を使います。

・「うそつき」は liar を使います。

 関係代名詞を使うことで, 節を用いて名詞を修飾することができるため, 表現の幅が広がります。ぜひこの機会に正しい形をマスターしましょう。

「…する【名詞】」
の表現❸

WHAT TO LEARN

この章では，関係副詞を用いた名詞修飾の表現を学習します。前章で学んだ関係
代名詞とは使い方が異なります。形に注意しながら関係代名詞との違いを丁寧に
確認しましょう。

WARM UP!　日本文に合うように，(　　　)内の語（句）を並べかえなさい。

1　ニューヨークは世界中からたくさんの人がやってくる都市だ。＊1語（句）不要

New York is a city (lots of / from all over /
people / where / the world / which) come.

2　彼が遅刻したことについて挙げた理由は驚くべきものだった。＊1語不要

The reason (why / which / he / gave /
for) being late was surprising.

VOCABULARY

1　▶ 世界中から from all over the world　▶ たくさんの人 lots of people
2　▶ 遅刻する be late　▶ …について理由を挙げる give a [the] reason for …
▶ 驚くべきだ surprising

1 | New York is a city where lots of people from all over the world come.

ニューヨークは世界中からたくさんの人がやってくる都市だ。

▶ BASICS 関係副詞の後ろは，名詞が欠けていない形

where lots of people from all over the world come という関係副詞節を作り，a city の直後に置きます。これは，①New York is a city. という文と②Lots of people from all over the world come there [to the city]. という文を前提にしています。②の there [to the city] という副詞（句）を関係副詞に変えて，前に出した形です。

▶▶ STEP UP! よく似た誤りの形に注意しよう

・次のような誤りの形がよく見られます。

✘ … a city which lots of people from all over the world come.

関係代名詞whichを使う場合は，その後ろに名詞が欠けた形を続ける必要があります

⭕ … a city which [that] lots of people from all over the world come to.

whichを使う場合は，このような形ならOKです

・また，次のような誤りもよく見られます。

✘ … a city that lots of people from all over the world come.

・関係副詞の where は that で書き換えることができますが，これは次の例のように，先行詞が somewhere や anywhere などの場合に限られます。

例 somewhere that I can play the piano
　 どこかピアノを弾ける場所

・関係副詞の where が that で書き換えられる場面は限られています。where の代わりに that を使うのではなく，できる限り where を使うようにすることで，ミスを減らすことができます。

KEY PHRASES

「**…するA**」 A ＋関係副詞＋名詞が欠けていない形 …

2 | The reason which he gave for being late was surprising.

彼が遅刻したことについて挙げた理由は驚くべきものだった。

▶ BASICS 関係代名詞の後ろは, 名詞が欠けた形

「彼が遅刻したことについて挙げた」は関係代名詞whichを用いて, which he gave for being lateで表せます。これは, He gave the reason for being late.「彼は遅刻したことについてその理由を挙げた」という文の, the reasonを関係代名詞whichに変えて, 頭に出してできたものです。なお, whichはthatで書き換えることもできます。また, whichやthatを省略することも可能です。

▶▶ STEP UP! 間違いやすい形に注意しよう

・The reason why he gave for being late was surprising. としてしまう誤りが多いところです。この文はgaveの後ろに本来あるはずの名詞(目的語)が欠けています。関係副詞のwhyは, 後ろに名詞が欠けていない形を続けます。

例 This is the reason why [that] he was late for school.
これが, 彼が学校に遅刻した理由だ。

・関係副詞whenやhowも, 後ろに名詞が欠けていない文を続けます。

例 A birthday is a day when people celebrate their birth.
誕生日は人々が誕生を祝う日だ。

例 She showed me how I should use the new machine.
彼女は新しい機械を使う方法[どのように使うべきか]を示してくれた。

・関係副詞howは, 先行詞the wayとともに使わないことに注意が必要です。

○ She showed me the way I should use the new machine.

✖ She showed me the way how I should use the new machine.

KEY PHRASES

「…する A」　A(場所など)where S V …
　　　　　　A(時)when S V …
「…する理由」　the reason why S V …
「…する方法」　the way S V … / how S V …

練習問題	次の文を英訳しなさい。

1. 私たちは，彼女が生まれ育ったイングランドを訪れた。

_____

2. あなたが部活をやめる理由を教えてください。

Tell _____

入試レベルにチャレンジ

3. 彼がここに来たのは，彼女にひと目会いたかったからである。

The reason _____

（東海大）

解答と解説

[解答] We visited England, where she was born and raised.

POINT 「彼女が生まれ育った」はwhere she was born and raised

先行詞が固有名詞なので，関係代名詞の場合と同様に，コンマ＋関係副詞の表現を使います（☞LESSON 18「…する【名詞】」の表現❷参照）。

⭕ We went to England ...

❌ We went ___ England ...　toが必要です

⭕ ... , where she was born and grew up [(was) brought up].

❌ ... , where she was born and grown.　他動詞のgrowは植物を「育てる」という意味です

❌ ... ___ where she was born and raised.　コンマが必要です

[解答] Tell me the reason why [that] you're going to quit the club.

POINT 「…する理由」はthe reason why ...

「あなたが部活をやめる理由」は関係副詞whyを用いて，the reason why [that] you're going to quit the club で表せます。Tell me why you're going to ... や Tell me the reason you're going to ... のように，the reason か why [that] を省略したものも OK です。

❌ Tell me the reason which you're going to ...　whichの後ろは名詞が欠けます

⭕ ... you are quitting [leaving] the club.

❌ ... you quit the club.　時制の誤りです

[解答] The reason why [that] he came here was [is] that he wanted to get [catch] a glimpse of her.

POINT 「…する理由」はthe reason why ...

「彼がここに来たのは」は，「彼がここに来た理由は」と考えられます。また，「彼女にひと目会う」は get [catch] a glimpse of her で表せます。

❌ The reason which he came here ...　whichの後ろは名詞が欠けます

関連表現

---

1 宇宙旅行ができる日もまもなく来るだろう。

The day will soon come when we can travel in outer space.

POINT 「…する日が来るだろう」は**The day will come when ...**

・先行詞 the day と関係副詞 when 節が離れていることに注意が必要です。

・「まもなく」は soon を使います。

・「宇宙旅行をする」は travel in outer space や travel in the universe を使います。

---

2 そういうわけで，彼は飲酒をやめた。

That is why he gave up drinking.

POINT 「そういうわけで…」は**That is why ...**

・「…をやめた」は gave up ... や stopped ... を使います。

・「飲酒」は drinking や drinking alcohol を使います。

---

3 こうして彼女は，数学の問題を解いた。

This is how she solved the math problem.

POINT 「こうして…」は**This is how ...**

・「数学の問題」は the math problem を使います。

・「…を解いた」は solved ... や figured out ...，worked out ... を使います。

---

4 正直が報われない場合もある。

There are cases where honesty doesn't pay.

POINT 「…な場合もある」は**There are cases where ...**

・「正直が報われない」は honesty doesn't pay を使います。

 関係副詞と関係代名詞を正しく使うことで，幅広い名詞修飾の表現が可能になります。また，This is why ... などの慣用表現は，自由英作文でも使い勝手が良いため，ぜひこの機会に書けるようにしておきましょう。

20

「という」
の表現

WHAT TO LEARN

この章では，「…という」にあたる英語表現を学習します。特に，【同格】の that を使えるのはどのような場面なのか，【同格】の that が使えないときはどうすればよいのかをマスターし，表現の幅を広げましょう。

WARM UP! 日本文に合うように，( ) 内の語 (句) を並べかえなさい。

1 彼は修学旅行の目的地が変更されるといううわさを耳にした。
*1語 (句) 不要

He heard a (which / that / rumor / of the school trip / the destination) would be changed.

---

2 彼には毎朝公園を散歩するという習慣がある。 *1語 (句) 不要

He has the habit (that he walks / of walking / in / every / the park) morning.

VOCABULARY

1 ▶ 修学旅行 school trip ▶ 目的地 destination ▶ 変更される be changed
▶ うわさ rumor ▶ 耳にする hear 2 ▶ 毎朝 every morning
▶ 公園を散歩する walk in the park ▶ 習慣 habit

1 | He heard a rumor that the destination of the school trip would be changed.

彼は修学旅行の目的地が変更されるといううわさを耳にした。

▶ BASICS　「…といううわさ」はa rumor that S V …

「修学旅行の目的地が変更されるといううわさ」は同格のthatを使って, a rumor that the destination of the school trip would be changedと表します。

▶▶ STEP UP!　同格のthatの後ろは名詞が欠けていない形

・… a rumor which the destination of the school trip would be changed. としてしまう誤りがとても多いところです。関係代名詞which [that] を使う場合, その後ろは名詞が欠けた形にしなければなりません (☞LESSON 18「…する【名詞】」の表現❷参照)。しかし, 同格のthatは関係代名詞ではなく, 接続詞です。接続詞の後ろには名詞が欠けていない文を置きます。WARM UP! 1では, thatの後ろにthe destination of the school trip would be changedという, 名詞が欠けていない文が置かれています。同じ接続詞のbecauseやifなどを思い浮かべると, 後ろに名詞の欠けていない文がくることは理解しやすいでしょう。

・同格のthatは日本語の「…という」を英語で表現するときに使える便利な表現です。ただし, 同格のthatはどんな名詞にも使えるというわけではありません。主に, 「人の認識を表す名詞」や「事実などを表す名詞」とともに使います。以下に, 同格のthatを使うことができる頻出の名詞をまとめておきました。ざっと確認をしておきましょう。

【同格のthatを使える名詞の例】

人の認識を表す名詞	belief「信念」, discovery「発見」, feeling「感情」, idea「考え」
事実などを表す名詞	chance「可能性」, evidence「証拠」, fact「事実」, news「知らせ」, report「報告」, rumor「うわさ」

KEY PHRASES
「…という【名詞】」「人の認識」や「事実など」を表す名詞＋that＋名詞が欠けていない文

2 | He has the habit of walking in the park every morning.

彼には毎朝公園を散歩するという習慣がある。

▶ BASICS 「…するという」習慣はthe habit of *doing*

「彼には…するという習慣がある」は「彼は…するという習慣を持っている」と考え，have the habit of *doing* を使います。

▶▶STEP UP! 同格のthatを使えない名詞に注意しよう

- … the habit that he walks としてしまう誤りが多いところです。これは，the fact that he is a student「彼が学生であるという事実」のように，いわゆる同格のthatを用いた正しい表現のようにも見えます。しかし，habit という名詞は同格のthatとともに用いることができない名詞です。まずは同格のthatを使える名詞には限りがあることを知っておきましょう。英作文で特によく問題となる「同格のthatが使えそうで使えない名詞」は以下の4つです。

experience「経験」, habit「習慣」, memories「思い出」, problem「問題」

では，「…という経験」，「…という習慣」，「…という思い出」，「…という問題」はどのように表現すればよいのでしょうか。これらは，次のように前置詞を使って表現することができます。

- ⭕ the experience of [in] leading a group（集団を率いるという経験）
- ⭕ the habit of washing my face（顔を洗うという習慣）
- ⭕ the memories of going to the beach（ビーチに行ったという思い出）
- ⭕ the problem of having little time（時間がほとんどないという問題）

- 「…という習慣がある」は「（習慣的に）…している」と考え，現在形を使って表すこともできます（☞LESSON 05 時についての表現❶参照）。**WARM UP! 2** の文は，He walks in the park every morning. と書くこともできるのです。同格のthatが使えるかどうか確信が持てないときは，時制をうまく使って「…という」の表現自体を避けることで，ミスのない英文を書くことができます。

KEY PHRASES

「**…するという習慣**」 the habit of *doing*

| 練習問題 | 次の文を英訳しなさい。 |

1. 私たちは, 先生が学校をやめたという知らせに驚いた。

We _____

2. 川が汚染されているという問題に対処しなければならない。

We should _____

3. 現在, 世界の多くの言語が失われたり, 大幅に変わってしまったりしているという報告があります。

_____

(島根大)

入試レベルにチャレンジ

解答と解説

[解答] We were surprised at the news that our teacher (had) quit school.

POINT 「…という知らせ」はthe news that S V …

the news は同格の that を使える名詞なので，同格の that を使って表します。

⭕ We were surprised that …

（「知らせ」は訳出しなくても同様の意味になります）

⭕ We were surprised to hear that …

（感情の原因・理由を表すto不定詞「…して」を使うこともできます）

❌ We were surprising … 「驚いて」は surprised です

❌ … the news which our teacher quit school. 関係代名詞の後ろは名詞が欠けた形です

[解答] We should tackle the problem of the pollution of the river.

POINT 「…という問題」はthe problem of …

the problem は同格の that を使えない名詞なので，前置詞ofの後ろにthe pollution of the river「川の汚染」を置いて表します。

⭕ We should deal with …

⭕ … the problem of the river being polluted.

（前置詞ofの後ろに the river being polluted という動名詞句を置いて表すこともできます。ここでの the river は being polluted の意味上の主語のはたらきをしています）

❌ … the problem that the river is polluted. 同格の that は使えません

[解答] Today [These days] there are reports that a lot of languages in the world have been lost or (have) greatly changed.

POINT 「…という報告」はreports that S V …

report は同格の that を使える名詞です。there is a report that … も OK です。

⭕ Today [Those days] it is reported that a lot of languages …

（「…と報じられている」と考え，It is reported that … の表現を使うこともできます（☞LESSON 01「言う」の表現参照））

⭕ … have disappeared [become extinct] or (have) greatly changed.

❌ Recently there are reports …
recently は過去形か現在完了形とともに使います（☞ LESSON 05 時についての表現❶参照）

関連表現

---

1 その国の経済が衰退しているという事実をだれも無視できない。

No one can ignore the fact that the economy of the country is declining.

POINT 「…という事実」はthe fact that S V ...

・fact は同格の that を使える名詞です。
・「その国の経済が衰退している」は the economy of the country is declining や the country's economy is shrinking を使います。

---

2 彼女が試合に勝つ可能性は十分にある。

There is a good chance that she will win the game.

POINT 「…する十分な可能性」はa good chance that S V ...

・chance は同格の that を使える名詞です。
・a chance of *doing* の形を使って、a good chance of her winning the match と書くこともできます。

---

3 弁護士は，彼が無実であるという証拠を見つけた。

The lawyer found evidence that he is innocent.

POINT 「…という証拠」はevidence that S V ...

・evidence は同格の that を使える名詞です。
・evidence は不可算名詞ですから，an evidence は誤りの形です。

---

4 彼は留学すべきかどうかわからない。

He has no idea whether he should study abroad.

POINT 「…かどうかわからない」はhave no idea whether ...

・idea と whether 節が同格の関係になっています。

同格の that を正しく使えるようになると，表現できることの幅が広がります。一方で，必ずしも同格の that を使わずに表現できることもよくあります。同格の that を使うかどうか，臨機応変に対応しましょう。

「なので」「だから」
の表現

WHAT TO LEARN

この章では，「…なので」や「…だから」といった【因果関係】の表現を学習します。正しく覚えておくとあらゆる場面で役に立つ，頻出の表現を身につけましょう。

WARM UP! 日本文に合うように，(　　　)内の語(句)を並べかえなさい。

1 今朝，病院に行った。ひどい頭痛と微熱があったからだ。 *1語(句)不要

This morning I went to the hospital. This is (had /
I / why / because / a terrible headache) and a slight
fever.

2 彼女がピアノコンテストで1位をとったのは，一生懸命練習したから
だ。 *1語(句)不要

The reason why she took first place in the piano
contest (that / why / was / she / had practiced) hard.

VOCABULARY

1 ▶ 今朝 this morning ▶ 病院に行く go to the hospital ▶ ひどい頭痛 a terrible headache
▶ 微熱 a slight fever 2 ▶ ピアノコンテスト piano contest
▶ …で1位をとる take first place in ... ▶ 一生懸命練習する practice hard

1 | This morning I went to the hospital. This is because I had a terrible headache and a slight fever.

今朝，病院に行った。ひどい頭痛と微熱があったからだ。

▶ **BASICS** 「（なぜなら）…だからだ」は
This is because S V …

理由を述べるときによく使う文が，This is because S V … です。becauseの後ろに理由となる文を書くだけでいいので，とても便利な表現です。

▶▶ **STEP UP!** 因果関係は「原因」と「結果」の順番に気をつけよう

・次のような誤りの形がよく見られます。

✖ … This is why I had a terrible headache and a slight fever.
　　　This is why SV …は「したがって…」という意味です

◯ This morning I had a terrible headache and a slight fever. So I went to the hospital. Soの後ろには「結果」がきます

◯ This morning I had a terrible headache and a slight fever, so I went to the hospital. コンマを使い，1文で表すこともできます

※ This is why S V …と同様に，等位接続詞のsoも「したがって」という意味です。This is becauseとは異なり，This is whyやsoの後ろには「結果」がくることに注意しましょう。

・また，次のような誤りも非常に多く見られます。

✖ … Because I had a terrible headache and a slight fever.

※ Because S V …のカタマリは従節と呼ばれ，会話文は別として，これだけで文を作ることはできません。2文で書く場合，2文目にThis [That] is because S V …のように主節をつける必要があります。なお，1文で書く場合は，次のようになります。

◯ This morning I went to the hospital because I had a terrible headache and a slight fever.

KEY PHRASES 「…。なぜなら～」
S V … . This is because S V ～.

2 | The reason why she took first place in the piano contest was that she had practiced hard.

彼女がピアノコンテストで1位をとったのは，一生懸命練習したからだ。

▶ **BASICS** 「…の理由は〜だ」は
The reason why ... is that 〜

「ピアノコンテストで1位をとったのは，一生懸命練習したからだ」は「ピアノコンテストで1位をとった理由は，一生懸命練習したということだ」と考え，The reason why ... is that 〜の形を使います。

▶▶ **STEP UP!** 間違いやすい形に注意しよう

・The reason (that) she took ...のように，whyの代わりにthatを使ったり，why [that] を省略したりすることもできます。

・**WARM UP! 2** では，「彼女がピアノコンテストで1位をとった理由」というように，理由の部分が「節」になっているため，The reason why [that] S V ... という形にしました。これに対して，「理由」の部分が節ではなく「名詞（句）」で表せる場合は，前置詞forを使って次のように表します。

例 The reason for this is the strong yen.
この理由は，円高だ。

例 The reason for her success was that she had made efforts to achieve her goal.
彼女の成功の理由は，目標達成のために努力したことだった。

・**WARM UP! 2** は以下のように，sheを主語にし，because節を用いてシンプルに書き換えることもできます。

○ She took first place in the piano contest because she had practiced hard.

KEY PHRASES 「…の理由は〜だ」
The reason why ... is that 〜.

練習問題　次の文を英訳しなさい。

1. 彼女は今朝学校に遅刻した。<u>なぜなら, 7時の電車に乗り遅れたからだ</u>。

She was late for school this morning. _____

_____

2. 私はその計画に反対だ。<u>1つの理由は, みんながそのイベントに参加できるわけではないからだ</u>。

I'm against the plan. _____

_____

入試レベルにチャレンジ

3. 日本人はむかしは, 楽しみを持つことを罪悪のように考えていました。<u>それはその楽しさにひかれて, 働いたり勉強したりすることを怠けるようになるからでしょう</u>。

_____

（京都府立大）

解答と解説

解答 She was late for school this morning. This is because she missed the 7:00 train.

POINT「なぜなら…だからだ」はThis is because S V ...

「彼女は今朝学校に遅刻した」という結果の部分に対して, 1文でその理由を述べる必要があります。

⭕ The reason (for this) is that she missed ...

❌ Because she missed ... Because節だけでは文を作れません

❌ This is why she missed ... This is why ... は「したがって…」という意味です

- -

解答 I'm against the plan. One reason is that not everyone can participate [take part] in the event.

POINT「1つの理由は…だ」はOne reason is that ...

「私はその計画に反対だ」という結論の部分に対して, 1文でその「理由」を述べる必要があります。

⭕ This is partly because not everyone ...

（partly because ...「部分的には…が理由で」を用いることもできます）

❌ One reason is why ... 「1つの理由は…な理由だ」となり意味が不自然です

❌ ... participate [take part] the event inが必要です

- -

解答 Japanese people once saw having fun as evil. This might be because people enjoy themselves and [, and so] begin to neglect their work and studies.

POINT「それは…からでしょう」はThis might be because ...

理由を推測する場合, This might be because ... や The reason might be that ... の形を使うことができます。「その楽しさにひかれて」は節で考え,「人々は楽しみ[楽しむので／楽しむとき]」と考えると書きやすくなります。また,「怠けるようになる」は「怠け始める」と考えることができます（☞LESSON 07「なる」の表現参照）。

⭕ The reason might be that when people have fun, they begin to neglect their work and studies.

（The reasonを主語にして書くこともできます）

❌ Because ... Because節だけでは文を作れません

関連表現

---

1 電子書籍が普及したからといって，紙の本が不要なわけではない。

Just because e-books have become common, it doesn't mean that you don't need paper books.

POINT「…だからといって〜なわけではない」はJust because ... , it doesn't mean that 〜.

・「電子書籍」はe-booksやelectronic booksを使います。
・「普及した」はhave become commonを使います。

---

2 私たちが山に登るのを途中であきらめたのは，1つには天候が悪かったからだ。

We gave up trying to climb the mountain on the way partly because of the bad weather.

POINT「1つには…だからだ」はpartly because of ...

・「…するのをあきらめた」はgave up trying to *do* を使います。
・「1つには天候が悪かったからだ」はpartly because the weather was bad と書くこともできます。

---

3 彼はとても一生懸命勉強したので，試験で最高点を取った。

He studied so hard that he got the best score on the test.

POINT「とても…なので〜」はso ... that 〜

・so ... that 〜構文では結果を表すこともできます。
・「最高点」はthe best scoreやthe highest scoreを使います。

---

4 彼女はとても疲れていたので，それ以上歩くことができなかった。

She was too tired to walk any more.

POINT「とても…なので〜できない」はtoo ... to *do*

・too ... to *do* 構文では因果関係を表すこともできます。
・「それ以上（…ない）」はany moreやany furtherを使います。

 因果関係の表現は，和文英訳のみならず自由英作文でも使う機会が非常に多いものです。特に，主張を述べるタイプの自由英作文問題では，本章で学習した表現を使って主張を支える理由を述べます。正しい形を書けるようにしておきましょう。

LESSON

22

「するために」「するように」の表現

WHAT TO LEARN

この章では,「…するために」「…するように」という【目的】の意味を表す表現を学習します。どのような場面でどの形を使うのかをマスターすることがポイントです。場面と形を丁寧に確認しましょう。

WARM UP!　日本文に合うように,（　　　）内の語（句）を並べかえなさい。

1 | 目的地に時間通り到着できるよう,彼は地図を買った。＊1語（句）不要

He bought a map (that / he / to / arrive at / could / so) the destination on time.

2 | 赤ん坊を起こさないよう,彼女は音を立てずに歩いた。＊1語（句）不要

She walked quietly (so as / that / to / not) wake up the baby.

VOCABULARY

1 | ▶目的地 destination　▶時間通りに on time　▶…に到着する arrive at …
▶地図 map　2 |　▶赤ん坊 baby　▶…を起こす wake up …
▶音を立てずに歩く walk quietly

1 | He bought a map so that he could arrive at the destination on time.

目的地に時間通り到着できるよう，彼は地図を買った。

▶ BASICS 「…できるように」はso that S can *do*

「彼が…到着できるよう」は目的を表しています。そこで，節の構造を用いることができ，目的の意味を表す表現である so that S can *do* を使います。

▶▶ STEP UP! 目的の意味を表すさまざまな表現を押さえよう

- so that S can *do* と同じように節を後ろに置くことができ，目的の意味を表す表現として，in order that S can *do* があります。so that のほうが口語的だとされますが，in order that を使うと **WARM UP! 1** の文は次のように表せます。

○ He bought a map in order that he could arrive at the destination …

- so that S can *do* や in order that S can *do* は，can（過去の場合は could）を使うことで「できる」という意味を表しています。「できる」という意味を前面に出すのではなく，単に「（将来）…するように」という意味を表したい場合は，so that S will *do* や in order that S will *do* のように will（過去の場合は would）を使います。例文で確認しておきましょう。

例 You should practice hard so that [in order that] you will be elected a starting member.

先発メンバーに選ばれるよう，一生懸命練習すべきだ。

- 節ではなく句を用いる表現もこの機会にセットで覚えておきましょう。代表的なものは，目的の意味を表す to 不定詞句です。特に，主節の主語と so that S can [will] *do* の S が一致する場合は，to 不定詞句のほうが好んで使われるとされています。また，目的の意味をよりはっきり表す表現，so as to *do* や in order to *do* の使い方も確認しておきましょう。

○ He bought a map to (be able to) arrive at the destination …
○ He bought a map so as to arrive at the destination …
○ He bought a map in order to arrive at the destination …

KEY PHRASES

「…できるように」 so that [in order that] S can *do*
「…するように」　 so that [in order that] S will *do* = to *do* / so as to *do* / in order to *do*

2 | She walked quietly so as not to wake up the baby.

赤ん坊を起こさないよう，彼女は音を立てずに歩いた。

▶ **BASICS** 「…しないように」は，so as not to *do*

「起こさないよう」は，否定の意味を含む，目的の意味を表す表現です。so as to *do* の否定の形である so as not to *do* を使って表します。

▶▶ **STEP UP!** 間違いやすい形に注意しよう

・not to wake up the baby としてしまう誤りが多いところです。not to *do* の形を否定の意味を含む目的を表す表現として使うことは，be careful のような表現とともに用いる一部の例外的な場合を除き，原則としてできません。注意しましょう。

例 Be careful not to fall down.
転ばないように気をつけて。

・so as not to *do* の代わりに，in order not to *do* を使うこともできます。so that ... や in order that ... の形も OK です。また，「起こさないよう」は「起こすといけないから」や「起こすことを恐れて」と言い換えることができるため，for fear that ... という形で表すこともできます。

○ ... in order not to wake up the baby.
○ ... so that she wouldn't wake up the baby.
○ ... in order that she wouldn't wake up the baby.
○ ... for fear that she would wake up the baby.

KEY PHRASES

「…しないように」　　so as not to *do* / in order not to *do* /
　　　　　　　　　　so that S won't [don't] *do* / in order that S won't [don't] *do*
「…することを恐れて」　for fear that ...

練習問題　　次の文を英訳しなさい。

1. 彼らは，ゲストが快適に過ごせるよう部屋を掃除した。

They _____

2. 彼女は舞台の上で緊張しないよう，何度も練習した。

She _____

3. 連絡が取りやすいように電話番号を教えておきますね。

_____

（日本女子大）

入試レベルにチャレンジ

> 解答 They cleaned the room so that their guest(s) could stay comfortably.

POINT 「…できるよう」はso that S can *do*

目的を表す部分の主語が，主節の主語と異なるため，so that [in order that] S can *do* を使います。to不定詞句を使う場合は，意味上の主語を for で表します。

- ⭕ … so that their guests could be comfortable.
- ⭕ … in order that their guests could stay comfortably.
- ⭕ … for their guests to (be able to) stay comfortably.
- ⭕ … in order for their guests to (be able to) stay comfortably.
- ❌ … so as for their guests to (be able to) stay comfortably.
  so as for … to *do* の形は使いません

> 解答 She practiced many times so as not to get [become / be] nervous on the stage.

POINT 「…しないよう」はso as not to *do*

目的の部分の主語と文の主語が同じであるため，to不定詞句を用いて表します。

- ⭕ She practiced again and again [over and over again] …
- ⭕ … many times in order not to get nervous …
- ❌ … many times not to get nervous …
  not to *do* は目的の否定では原則として使いません
- ⭕ … many times so that [in order that] she wouldn't get nervous …
- ⭕ … many times for fear that she would get nervous …
  （節を使うこともできます）

> 解答 I'll tell you my phone number so that [in order that] you can get in touch with [contact] me easily.

POINT 「…ように」はso that …

問題文は「あなたが私と連絡を簡単に取れるように，私はあなたに電話番号を教える」という意味です。目的を表す部分の主語が，主節の主語と異なるため，so that [in order that] S can *do* を使います。

- ⭕ … my phone number (in order) for you to get in touch with me …
- ❌ … my phone number to get in touch with me … for youが必要です
- ❌ … my phone number so as for you to get in touch with me …
  so as for … to *do* の形は使いません

関連表現

---

1 この道路工事の目的は，渋滞を減らすことだ。

The purpose of this road construction is to reduce traffic jams.

POINT 「…の目的は〜することだ」は**the purpose of ... is to** *do*

・「道路工事」は road construction や road work を使います。
・「渋滞」は traffic jams や traffic congestion（不可算名詞）を使います。

---

2 彼は建築学を学ぶためシカゴに渡った。

He went to Chicago for the purpose of studying architecture.

POINT 「…するため」は**for the purpose of** *doing*

・「シカゴに渡った」は went to Chicago や moved to Chicago を使います。

---

3 貧しい人々を救うため，政府は新政策を打ち出した。

The government adopted a new policy with a view to helping poor people.

POINT 「…するため」は**with a view to** *doing*

・「（政策を）打ち出した」は adopted や introduced を使います。
・to は前置詞であるため，後ろに（動）名詞を置きます。to help は誤りの形です。

---

4 言語学習は目的に対する手段に過ぎないと言う人もいる。

Some people say that language learning is just a means to an end.

POINT 「目的に対する手段」は**a means to an end**

・「…と言う人もいる」は Some (people) say (that) ... を使います。
・「言語学習」は language learning や learning a language を使います。

 目的の表現は，和文英訳で頻出のポイントです。日本語では「目的」をさまざまな表現で表します。与えられた日本語の「文字通りの意味」に惑わされず，目的の意味が読み取れる場合は，本章で学習した形を使いましょう。

23

「するくらい」
「するように」の表現

WHAT TO LEARN

この章では，「するくらい」「するように」という【程度・様態】の意味を表す表現を学習します。語順がポイントになる分野です。ミスしやすい形を確認しながら，正しい形を書けるようにしていきましょう。

WARM UP!　日本文に合うように，(　　　)内の語(句)を並べかえなさい。

1

彼女は，子どもたちがついていけるくらいゆっくり歩いた。

She walked (to / for the children / follow / enough / slowly) her.

2

頂上からの景色は言葉では言い表せないほど見事だった。

*1語不要

The view from the summit was (to / so / too / wonderful) describe.

VOCABULARY

1 ▶ ○についていく follow ○ ▶ ゆっくり歩く walk slowly

2 ▶ 頂上 summit ▶ 景色 view ▶ 言葉で言い表す describe ▶ 見事な wonderful

1 | She walked slowly enough for the children to follow her.

彼女は，子どもたちがついていけるくらいゆっくり歩いた。

▶ BASICS 「するくらい…」は enough to *do*

「ついていけるくらい」は「彼女についていくのに十分なくらい」と考え，enough to follow her を使います。to不定詞の主語は for ... で表すため，「子どもたちが」にあたる部分を for the children とし，to follow her の前に置きます。

▶▶ STEP UP! 語順に注意しよう

・enough slowly ... という語順にしてしまうミスが多いところです。副詞の enough は形容詞や副詞の後ろに置き，「十分…」という意味を表します。

㋑ The temperature is high enough.
　温度は十分高い。

㋑ He ran fast enough.
　彼は十分に速く走った。

・enough が名詞を修飾する形容詞として用いられる場合は，前から修飾するのがふつうです。

㋑ She had enough money.
　彼女は十分なお金を持っていた。

・WARM UP! 1 と同様の意味は so ... that ～ を使って表すこともできます。

○ She walked so slowly that the children were able to follow her.

「(Aが) ～するのに十分…」　　　形容詞・副詞＋ enough (for A) to *do*
「十分な…」　　　　　　　　　　enough ＋名詞
「(Aが) ～するのに十分な…」　　名詞＋ enough (for A) to *do*

2 | The view from the summit was too wonderful to describe.

頂上からの景色は言葉では言い表せないほど見事だった。

▶ BASICS 「〜できないほど…」は too ... to do

「言葉で言い表せないほど見事だった」は,「あまりに見事だったので言葉で言い表せなかった」や「言葉で言い表すにはあまりに見事だった」と同様の意味です。そこで,そのような意味を表すことのできる too ... to do「あまりに…なので〜でき［し］ない」「〜でき［し］ないほど…」「〜するにはあまりに…だ」という表現を使います。

▶▶ STEP UP! 間違いやすい形に注意しよう

- **WARM UP! 2** の文では,describe「言い表す」の主語が「私」であることは明らかです。このように to 不定詞の主語が文脈から明らかな場合や,文の主語と一致している場合,to 不定詞の主語は原則として書きません。一方で,to 不定詞の主語を for A の形を用いて表す場合もあります。次の例文を見てください。

例 His bag was too heavy for me to lift up.
彼のかばんは重すぎて私には持ち上げられなかった。

※ このように for me を to lift up の直前に置くことで,to lift up の主語をはっきりさせることができます。

- **WARM UP! 2** と同様の意味は so ... that 〜 を使って表すこともできます。

⭕ The view from the summit was so wonderful that I couldn't describe it.

KEY PHRASES

「(A が) 〜できないほど…」 too … (for A) to do

練習問題 次の文を英訳しなさい。

1. 彼は，私にも理解できるくらいのゆっくりとした英語を話してくれた。

_____

2. このコーヒーは飲めないほど熱いわけではないですよ。

_____

入試レベルにチャレンジ

3. あの先生は早口すぎて，何を言っているのか誰にも分からなかった。

_____

（日本女子大）

解答と解説

[解答] He spoke English slowly enough for me to understand it.

POINT 「…できるくらいの」はenough to *do*

He spoke English slowly.「彼はゆっくりと英語を話した」を前提とする文を考えます。to不定詞句を使う場合は，意味上の主語をforで表します。

✗ He spoke English enough slowly ... enoughは副詞slowlyを後ろから修飾します

◯ His English was slow enough for me to understand.
（His Englishを主語にして書くこともできます）

✗ His English was enough slow ... enoughは形容詞slowを後ろから修飾します

◯ He spoke English so slowly that I was able to understand it.

◯ His English was so slow that I was able to understand it.
（so ... that 〜を用いて書くこともできます）

[解答] This coffee isn't too hot (for you [me]) to drink.

POINT 「〜できないほど…」はtoo ... to *do*

「飲めないほど熱い」はtoo ... to *do* の形を用いて表します。

◯ This coffee isn't so hot that you [I] can't drink it.
（so ... that 〜を用いて書くこともできます）

[解答] That teacher spoke [talked] too fast [quickly] for anyone to understand what he [she] was saying.

POINT 「…すぎてAが〜できない」はtoo ... for A to *do*

「早口」という名詞は「先生が速く話す」というＳＶ ...の形で表すことができます。

◯ That teacher spoke so fast that no one could understand ...
（so ... that 〜を用いて表すこともできます）

✗ ... too early ... earlyは時期や時刻などが「早い」という意味です

✗ ... what he [she] is saying 時制の誤りです。過去のことですから過去形が正しい形です

関連表現

> **1** メアリーはとても親切な人なので，みんな彼女のことが好きだ。
> Mary is such a kind person that everyone likes her.

POINT「とても…なので〜だ」はsuch a [an] … 名詞 that 〜

- so … that 〜と同様に，such a [an] … 名詞 that 〜の形を使って「とても…なので〜」「〜なくらい…」という意味を表すことができます。

> **2** 痛みは大変なものだったので，彼は立ち上がれなかった。
> His pain was such that he couldn't stand up.

POINT「Sは大きかったので，…」はS is such that …

- 「痛み」は pain を使います。
- 「立ち上がる」は stand up を使います。

> **3** お金と同じように，時間は慎重に使わないと失われる。
> Like money, time is lost unless you use it carefully.

POINT「お金と同じように」はlike money

- as money は文語的で堅い表現なので避けましょう。
- 「…使わないと」は unless you use … や if you don't use … を使います。

> **4** 他の動物とは違い，人間は言語を使って他者と意思疎通をする。
> Unlike other animals, human beings communicate with others using language.

POINT「他の動物とは違い」はunlike other animals

- 「人間」は humans や human beings を使います。「人間」という意味の human は humans と複数形で用いるのが通例です。
- 「言語を使って」は using language や with [through] language を使います。

 「…するくらい」「…するように」の表現は，和文英訳だけでなく自由英作文でもよく使う表現です。この機会に正しい使い方を覚えておきましょう。

24

「にもかかわらず」「だとしても」の表現

この章では,「…にもかかわらず」「…だとしても」という【譲歩】の意味を表す表現を学習します。入試で頻出の事項でありながら,正しい形を書くのが意外と難しいところでもあります。この機会に,正しく書けるようにしましょう。

WARM UP! 日本文に合うように,( )内の語を並べかえなさい。

1

雨が降っているにもかかわらず,彼は出かけた。 ＊1語不要

(raining / it / was / although / despite),
he went out.

2

彼女はどれほど疲れていても,必ず早起きをする。

No (tired / matter / how / is / she), she
always gets up early.

VOCABULARY

1 ▶ 雨が降る rain ▶ 出かける go out
2 ▶ 疲れて tired ▶ 早起きをする get up early

1 | Although it was raining, he went out.

雨が降っているにもかかわらず，彼は出かけた。

▶ BASICS 「SがVするにもかかわらず」は although S V …

「雨が降っている」は，文全体の意味から過去のことだとわかるため，過去形を使い，it was raining と表します。「…にもかかわらず」は，節（S V …の形）を後ろに続けることのできる although を使います。

▶▶ STEP UP! 「…にもかかわらず」のさまざまな表現を確認しよう

・although と同じ意味の though を使って，次のように書くこともできます。また，although [though] S V …のカタマリごと文の後ろに回して書いても OK です。これは although [though] が従属接続詞であるため，although [though] S V …のカタマリを副詞節として文のどこにでも置くことができるからです。さらに，等位接続詞 but を用いて2文をつなぎ，似た意味を表すこともできます。

- ◯ Though it was raining, he went out.
- ◯ He went out although [though] it was raining.
- ◯ It was raining, but he went out.

・Despite it was raining …のように書くのは誤りです。despite は前置詞です。名詞（句）だけはその後ろに置くことができますが，although [though] とは違って，S V …をその後ろに置くことはできません。despite を使うなら，rain「雨」という名詞を後ろに置いて，次のように書きます。

- ◯ Despite the rain, he went out.
- ◯ He went out despite the rain.

KEY PHRASES

「**SがVするにもかかわらず**」　although [though] ＋ S V …
「**【名詞】…にもかかわらず**」　despite ＋名詞

2 | No matter how tired she is, she always gets up early.

彼女はどれほど疲れていても，必ず早起きをする。

▶ BASICS 「どれほど…でも」はno matter how ...

「どれほど疲れていても」は，She is tired. という文を前提にして，No matter how tired she is で表します。

▶▶STEP UP! 間違いやすい形に注意しよう

・No matter how she is tired としてしまう誤りが多いところです。She is tired.「彼女は疲れている」という文の中の tired という形容詞を how の直後に置くのが正しい形です。副詞の場合も同様の語順になります。

例 No matter how early you leave, you won't be in time.
   どれほど早く出発しても，間に合わないだろう。

※ この文では，副詞のearlyがhowの直後に置かれています。このように，形容詞や副詞をhowとともに用いるときはその直後に置くことを覚えておきましょう。

・no matter how の代わりに however を用いることもできます。この場合も，however の直後に tired を置くことに注意が必要です。
⭕ However tired she is, she always gets up early.
❌ However she is tired, she always gets up early.

・「どれほど疲れていても」は「たとえとても疲れていても」と言い換えることができます。そこで，**WARM UP! 2** は以下のように，even if S V ... 「たとえ…としても」を用いて書き換えることもできます。
⭕ Even if she is very tired, she always gets up early.

KEY PHRASES

「どれほど…でも」　no matter how 形容詞／副詞＋ S V ...
　　　　　　　　　　 however 形容詞／副詞＋ S V ...

練習問題　次の文を英訳しなさい。

1. この部屋は狭いが快適だ。

This _____

2. どれほどお金を持っていても，必ずしも幸せだとは限らない。

_____

入試レベルにチャレンジ

3. 君がどんなにがんばっても，彼の決心を変えるのは無理だと思うよ。

I think you _____

（日本女子大）

解答と解説

【解答】 This room is comfortable, although [though] it is small.

POINT 「…が」はalthough [though] S V …

ある場所が「広い／狭い」ことを表すには large / small を使い，wide / narrow は使いません。

○ This room is small, but (it is) comfortable.

（等位接続詞 but を使うこともできます）

✖ … although [though] it is narrow.　small を使います

【解答】 No matter how much money you have, you aren't necessarily [always] happy.

POINT 「どれほど…でも」はno matter how …

一般論なので，「一般の人」を表す you を主語にします。「どれほどお金を持っていても」は No matter how much money you have で表します。how の直後に much だけでなく much money を置くところに注意が必要です。

✖ No matter how much you have money …　much money は how の直後に置きます

✖ No matter how you have much money …　much money は how の直後に置きます

○ Even if you have a lot of [much] money …

（even if S V … を使うこともできます）

【解答】 I think you can't change his mind no matter how hard you (may) try (to do so).

POINT 「どんなに…でも」はno matter how …

「彼の決心を変える」は change his mind で表します。「どんなにがんばっても」は「どれほど一生懸命試しても」や「どれほど一生懸命そうしようとしても」と考え，no matter how hard you (may) try (to do so) を使います。

○ I think you can't change his mind however hard you (may) try …

✖ I think you can't change his mind no matter how you try hard.
　　hard は how の直後に置きます

関連表現

---

1 何が起こっても，計画を実行するつもりだ。
Whatever may happen, I will carry out the plan.

POINT 「何が起こっても」はwhatever may happen

・「何が起こっても」は no matter what may happen でも表せます。譲歩の意味を持つ may を使わずに，whatever happens とすることもできます。

---

2 どんな状況にあっても，冷静でいたい。
Whatever situation I'm in, I'd like to stay calm.

POINT 「どんな状況にあっても」はwhatever situation I'm in

・「どんな状況にあっても」は no matter what situation I'm in でも表せます。
・「冷静でいる」は「冷静なままでいる」と考え，stay calm や remain calm を使います。

---

3 どちらの道を選んでも，彼はきっとうまくいくだろう。
Whichever way he may choose, he is sure to be successful.

POINT 「どちらの道を選んでも」はwhichever way he may choose

・「どちらの道を選んでも」は no matter which way he may choose でも表せます。譲歩の意味を持つ may を使わずに，whichever way he chooses とすることもできます。
・「きっと…するだろう」は be sure to *do* や be bound to *do* を使います。

---

4 コーチに助言をもらったにもかかわらず，彼女は試合に勝てなかった。
In spite of her coach's advice, she couldn't win the match.

POINT 「…にもかかわらず」はin spite of ...

・「…にもかかわらず」は in spite of や despite を使います。どちらも前置詞なので，後ろに名詞を置きます。
・「試合に勝つ」は win the match を使います。

 譲歩の表現は，自由英作文において自分の主張の客観性・説得力を増すために使うことができます。この機会に基本的な表現を覚えておきましょう。

仮定
の表現

WHAT TO LEARN

この章では，仮定の表現を学習します。仮定の表現では，時制がポイントとなります。動詞の形に着目しながら学習しましょう。

WARM UP!　日本文に合うように，（　　）内の語（句）を並べかえなさい。

1　もし私があなたなら，その申し出を受け入れるだろう。　＊1語不要

If I were you, (accept / I / will / would)
the offer.

2　もっと早く出発していたら，8時の電車に乗れただろうに。＊1語不要

If I (had / left / have) earlier, I could
have caught the 8:00 train.

VOCABULARY

1　▶申し出 offer　▶受け入れる accept　**2**　▶早く出発する leave early
▶8時の電車 the 8:00 train　▶（電車に）乗る，間に合う catch

1 | If I were you, I would accept the offer.

もし私があなたなら，その申し出を受け入れるだろう。

▶ **BASICS** 「もし…なら，〜だろう」は If S were ... , S would *do*

「もし私があなたなら」というのは，「私はあなたではない（けれども，もし私があなたなら）」という，現在の事実に反する仮定の話です。そこで，if 節は If I were you, 帰結節は助動詞 will の過去形 would を用いた I would accept the offer という仮定法の形を使います。

▶▶ **STEP UP!** 「仮定法」の形を押さえよう

・if 節を文の後ろに回すこともできます。

○ I would accept the offer if I were you.

・**WARM UP!** 1 の文は，「もし私があなたなら」という「起こる可能性が全くない」仮定の話です。このように，「起こる可能性が全くないこと」や「起こる可能性が低いこと」について想像で述べる際には，仮定法の形を使います。仮定法では，現在・未来のことについて述べるとき，if 節内では過去形（be 動詞は were）を使います。また，帰結節内では助動詞の過去形（would「するだろう」，could「できるだろう」，might「するかもしれない」）を使います。If I am you, ... や I will accept ... は誤りの形です。注意しましょう。

例 If I were a bird, I could fly high in the sky.
もし私が鳥なら，空高く飛べるだろう。

例 If it snowed in Egypt, I might be surprised.
もしエジプトで雪が降れば，驚くかもしれない。

・起こる可能性が五分五分の「条件の文」は次のように書きます。

例 If it rains tomorrow, the game will be put off.
明日もし雨が降れば，試合は延期です。

KEY PHRASES

「現在・未来のことについての仮定」
If S *did* [were] ..., S would [could / might] *do*

2 | If I had left earlier, I could have caught the 8:00 train.

もっと早く出発していたら，8時の電車に乗れただろうに。

> ▶ BASICS 「もし…していたら〜できただろう」は
> If S had *done*, S could have *done*

「もっと早く出発していたら」というのは，「早く出発しなかった（けれども，もし早く出発していたら）」という，過去の事実に反する仮定の話です。そこで，if節はIf I had left earlier，帰結節はI could have caught ... という仮定法の形を使います。

▶▶ STEP UP! 「仮定法」の形を押さえよう

・if節を文の後ろに回すこともできます。

⭕ I could have caught the 8:00 train if I had left earlier.

・If I have left earlier, ... やI could catch ... としてしまうミスが多いところです。**WARM UP! 2** は仮定の話です。過去のことについての仮定は，if節内で過去完了形，帰結節内でwould have *done*「…しただろう」，could have *done*「…できただろう」，might have *done*「…したかもしれない」を使うことに注意しましょう。

・if節内が過去のこと，帰結節内が現在（未来）のことを表す仮定法にも注意が必要です。

例 If I had left earlier, I would be enjoying lunch with her now.
　　もっと早く出発していれば，今ごろ彼女と昼食を楽しんでいるだろうに。

KEY PHRASES

「過去のことについての仮定」
If S had *done* [been] ..., S would [could / might] have *done*
「if節内が過去のこと，帰結節内が現在・未来のことについての仮定」
If S had *done* [been] ..., S would [could / might] *do*

練習問題　次の文を英訳しなさい。

1. もしタイムマシンがあれば，あなたは何をしますか。

If _____

2. 昨日宿題を終わらせていたら，その映画を観に行っただろうに。

If _____

3. 彼女の助けがなかったら，彼は今の仕事を見つけられなかっただろう。

Without _____

（学習院大）

解答と解説

解答 If there were a time machine, what would you do?

POINT 「もし…ならば, 〜だろう」はIf S *did* [were] … , S would *do*

「もしタイムマシンがあれば」は，現在または未来の仮定の話です。仮定の話では，仮定法を使います。「もしタイムマシンがあれば」は「あなたがタイムマシンを持っていれば」と考えることもできます。

⭕ If you had a time machine, …

❌ If there is a time machine, … if節内は過去形を使います

❌ … what will you do? 帰結節内は would *do* を使います

解答 If I had finished my homework yesterday, I would [might] have gone to (see) the movie.

POINT 「…だったら, 〜しただろうに」はIf S had *done*, S would have *done*

「昨日宿題を終わらせていたら」は，「昨日宿題を終わらせなかった」という過去の事実に反する仮定の話です。仮定の話ですから，仮定法を使います。「(特定の)映画を観に行く」は go to (see) the movie を使います。

❌ If I have finished … if節内は had *done* を使います

❌ … I would go … 帰結節内は would have *done* を使います

解答 Without her help, he couldn't have found [got / started] his current job.

POINT 「…がなかったら, 〜できなかっただろう」はWithout … , S couldn't have *done*

「彼女の助けがなかったら」は過去の仮定の話なので，仮定法を使います。「今の仕事」は「彼が現在している仕事」と考え，関係代名詞を用いて the job (that) he does [is doing] now で表すこともできます（☞LESSON 18「…する【名詞】」の表現❷参照）。

⭕ … he couldn't have found the job (that) he does [is doing] now.

❌ … he couldn't find his current job. 帰結節内は couldn't have *done* を使います

関連表現

---

1 彼が宿題を手伝ってくれたらなあ。

I wish he would help me with my homework.

POINT　「…してくれたらなあ」は I wish (that) S would *do*

・I wish は仮定法の表現なので，will ではなく過去形 would を使います。
・「私の宿題を手伝う」は help me with my homework を使います。

2 学生の頃，もっと一生懸命勉強していたらなあ。

I wish I had studied harder when I was a student.

POINT　「…していたらなあ」は I wish (that) S had *done*

・I wish は仮定法の表現なので，studied ではなく過去完了形 had studied を使います。
・「学生の頃」は when I was a student や as a student を使います。

3 水がなければ，私たち人間は生きられないだろう。

Without water, we humans couldn't survive.

POINT　「水がなければ」は without water

・仮定の話なので，can't ではなく過去形 couldn't を使います。
・「生きる」は survive や live を使います。

4 彼ならばそんな愚かなことは言わないだろう。

He wouldn't say such a foolish thing.

POINT　「彼ならば…しないだろう」は he wouldn't *do*

・「彼ならば」は主語を if 節の代わりにした仮定法の文で，would を使います。

仮定の表現は，自由英作文で「仮定の話に対する意見」を求める問題として出題されます。また，和文英訳では，「…ならば」という日本語を英語にする際，仮定法かそうでないかを見極める必要があります。与えられた日本語から「仮定の話（ありえないか起こる可能性が低いことについての想像の話）かどうか」を常に考え，時制の選択に注意しましょう。

合格する英作文を書くための
キーセンテンス225

KEY
SENTENCE
225

ここでは，LESSON 01～LESSON 25で見てきた英文をすべて掲載しています。英作文の力を上げるため，日本語を見て英語にできるかどうかをチェックしてみてください。また，音声を使って英文のディクテーション（書き取り）や音読，シャドーイングをすると，英作文はもちろんのこと，リスニングやスピーキングにも効果的です。重要ポイントが詰まった本書の英文を使って，受験を突破し，さらにその先も使える一生ものの英語の基礎力を身につけましょう。

□□ 001 スマートフォンは全世界で普及していると言われている。

□□ 002 子どもたちは宿題をするよう親から言われる。

□□ 003 この城はその国で一番古いと言われている。

□□ 004 私は先生からもっと一生懸命勉強するよう言われた。

□□ 005 この変化は地球温暖化が原因だと言われている。

□□ 006 最寄り駅までの道を教えてくれませんか。

□□ 007 彼は友人たちと来月の旅の計画について話し合った。

□□ 008 彼女は話しかけられない限りめったに他人と話さない。

□□ 009 彼は警察にスマートフォンを電車に忘れたと説明した。

Smartphones are said to be common all over the world.

Children are told to do their homework by their parents.

The castle is said to be the oldest in the country.

I was told to study harder by my teacher.

This change is said to be due to global warming.

Would you tell me the way to the nearest station?

He talked with his friends about the plan for the trip next month.

She seldom speaks with others unless she is spoken to.

He explained to the police that he left his smartphone behind on the train.

□□ 010 最初, その先生は厳しそうに見えたが, 優しかった。

□□ 011 彼女には, 猫が庭に入っていくのが見えた。

□□ 012 私の父は2年ぶりに飼い犬と会って, 嬉しそうに見えた。

□□ 013 私は浜辺で太陽が昇るのを見た。

□□ 014 たしかに, 私の兄さんは大学生だけど, 家で勉強しているのを見たことがないわ。

□□ 015 彼女はまるで何日も寝ていないような顔をしていた。

□□ 016 メアリーは待合室で自分の名前が呼ばれるのを聞いた。

□□ 017 その学生たちは, 環境を守るために何かをする必要があると気づいた。

□□ 018 彼はその数学の問題が意外と簡単だとわかった。

At first, the teacher looked strict, but he turned out to be kind.

She saw a cat going into the yard.

My father looked happy when he saw his dog for the first time in two years.

I saw the sun rise on the beach.

Certainly, my brother is a college student, but I've never seen him studying at home.

She looked as if she hadn't slept for days.

Mary heard her name called in the waiting room.

The students realized that they should do something to protect the environment.

He found the math problem surprisingly easy.

□□ 019 その男性は従業員たちを1日中働かせた。

□□ 020 その女性は弟に家の壁を塗ってもらった。

□□ 021 父は私に皿洗いをさせたが, その後は外で遊ばせてくれた。

□□ 022 彼女は叔父に自転車を修理してもらった。

□□ 023 本当に勉強させたかったら, 教えないに限る。

□□ 024 ショーンは兄を1時間以上待たせた。

□□ 025 川の近くで子どもたちを一人で遊ばせておいてはならない。

□□ 026 彼は美容院で髪を短く切ってもらった。

□□ 027 放課後, 彼女はピアノの練習をさせられた。

The man made the employees work all day long.

The woman had her brother paint the wall of her house.

My father made me wash the dishes, but then he let me play outside.

She had her uncle repair her bicycle.

If you really want to make someone study, it is best not to teach.

Sean kept his brother waiting for over an hour.

Never leave children playing alone near the river.

He had his hair cut short at the hair salon.

She was made to practice playing the piano after school.

□□ 028 彼は駅で30分待たされた。

□□ 029 その女性はショッピングモールで自転車を盗まれた。

□□ 030 私は待たされたくない。

□□ 031 彼はヨーロッパを旅行中にスーツケースを壊された。

□□ 032 「グリーン」という単語は, 環境に優しい製品を表すのに使われる。

□□ 033 私は大通りで見知らぬ人から話しかけられた。

□□ 034 廃棄物を減らすよう努力がなされるべきだ。

□□ 035 その歌は世界中の人に長い間歌われてきた。

□□ 036 彼の車は今, 修理されている。

He was kept waiting for half an hour at the station.

The woman had her bicycle stolen at the shopping mall.

I don't want to be kept waiting.

He had his suitcase broken while traveling in Europe.

The word "green" is used for environmentally friendly products.

I was spoken to by a stranger on the main street.

Efforts should be made to reduce waste.

The song has long been sung by people all over the world.

His car is being repaired now.

☐☐ 037　私は毎朝公園まで散歩している。

☐☐ 038　もし明日雨が降れば, 野球の試合は延期されるだろう。

☐☐ 039　彼はたいていこの部屋を使っていますが, 今は使っていません。

☐☐ 040　もし明日雪が降れば, トムは公園に行って遊ぶでしょう。

☐☐ 041　当日もし雨になりましたら, 私が駅までお迎えに参ります。

☐☐ 042　最近, 私たちの店はとても忙しい。

☐☐ 043　健康は失って初めて, そのありがたみがわかる。

☐☐ 044　空模様から判断すると, にわか雨にあいそうだ。

☐☐ 045　明日の今ごろ, 私たちは電車で旅行しているでしょう。

I take a walk to the park every morning.

If it rains tomorrow, the baseball game will be postponed.

He usually uses this room, but he isn't using it now.

If it snows tomorrow, Tom will go and play in the park.

If it rains that day, I'll pick you up at the station.

These days, our store is very busy.

It is not until you lose your health that you realize the value of it.

Judging from the look of the sky, we are going to be caught in a shower.

We will be traveling on a train at about this time tomorrow.

□□ 046 ケンは誕生日の2日前に, その美術館を訪れた。

□□ 047 その夫婦は結婚して20年だ。

□□ 048 昨年の秋, 彼は紅葉を見るためにその町を2度訪れた。

□□ 049 私の祖母が亡くなって3年になる。

□□ 050 彼に最後に会ってから7年が経っている。

□□ 051 彼女は2時間, 自分の部屋で読書している。

□□ 052 2時間読書をしていたら, ドアをノックする音が聞こえた。

□□ 053 昨日, 私は彼女がタイから送ってくれた手紙を受け取った。

□□ 054 来年で, 私たちが東京に住んで15年になる。

Ken visited the museum two days before his birthday.

The couple have been married for twenty years.

Last fall, he visited the town twice to see the fall colors.

My grandmother has been dead for three years.

It is seven years since I saw him last.

She has been reading a book for two hours in her room.

I had been reading for two hours when I heard a knock at the door.

Yesterday, I received a letter she had sent me from Thailand.

We will have lived in Tokyo for 15 years by next year.

□□ 055 最近, その店は多くの外国人を雇うようになった。

□□ 056 彼らは最初, 辛い料理が苦手だったが, 少しずつ好きになった。

□□ 057 彼は, 先週から毎朝散歩をするようになった。

□□ 058 昨日, 彼の娘は自転車に乗れるようになった。

□□ 059 地球の命を守るために, 私たちは環境に配慮した生活を送るようになってきた。

□□ 060 私は昨日, 18歳になった。

□□ 061 これらのブドウはワインになる。

□□ 062 夢はかなう。

□□ 063 彼女はずっと元気になった。

Recently, the shop has begun to hire many people from other countries.

At first, they didn't like spicy food, but gradually they came to like it.

He began to take a walk every morning last week.

His daughter learned to ride a bicycle yesterday.

We have come to lead environmentally friendly lives in order to save life on earth.

I turned 18 yesterday.

These grapes are made into wine.

Dreams come true.

She got much better.

□□ 064 最近, 留学をする人が減っている。

□□ 065 近ごろの親は子どもと過ごす時間が減っている。

□□ 066 近ごろ, 科学に関心を持つ学生が増えている。

□□ 067 最近, 喫煙している若者は劇的に減っている。

□□ 068 都会を離れ, 郊外に住む人が増えている。

□□ 069 その町の人口は, 2010年から2020年にかけて1,000人増加した。

□□ 070 2015年以降, その会社で働く人の数は横ばいだ。

□□ 071 彼女の飼っている猫は, 2匹から5匹に増えた。

□□ 072 日本では, 出生率が徐々に減少してきた。

The number of people who study abroad has been decreasing recently.

Parents today are spending less and less time with their children.

The number of students who are interested in science is increasing these days.

The number of young people who smoke has been dramatically decreasing recently.

The number of people who leave cities and live in the suburbs is increasing.

The population of the town increased by 1,000 between 2010 and 2020.

The number of people working for the company has stayed the same since 2015.

The number of cats she has increased from two to five.

The birth rate has gradually been decreasing in Japan.

□□ 073　見て!　塀の上に黒猫がいるよ。

□□ 074　私の学校には2,000人以上の生徒がいる。

□□ 075　彼の部屋の壁にはたくさんのポスターが貼られている。

□□ 076　日本は6月に雨が多い。

□□ 077　準備するのにまだ1か月あるよね?　君なら,きっといいスピーチ
　　　　ができるよ。

□□ 078　彼の話し方には独特なところがある。

□□ 079　かつてこの辺りにはコンビニがあった。

□□ 080　中国は日本の西の方にある。

□□ 081　約20人の学生が図書館で勉強している。

Look! There is a black cat on the wall.

My school has over 2,000 students.

There are many posters on the wall of his room.

There is a lot of rain in June in Japan.

You still have another month to prepare, don't you? You can make a good speech.

There is something unique about the way he talks.

There used to be a convenience store around here.

China lies to the west of Japan.

There are about 20 students studying in the library.

□□ 082 問題はまだ宿題が終わっていないことだ。

□□ 083 ポケットの中身を見せてください。

□□ 084 重要なことは, 話し手の話をよく聞くことだ。

□□ 085 彼は舞台上でセリフを忘れてしまった。

□□ 086 絵本の奥深いところは, 読むたびにストーリーの新しい要素を発見できることだ。

□□ 087 その組織の目標は, 環境を守ることだ。

□□ 088 私の趣味は, 美術館を訪れることだ。

□□ 089 十分な睡眠をとることは健康によい。

□□ 090 あなたのために, 私にできることは何かありますか。

The problem is that I haven't finished my homework.

Show me what you have in your pocket.

What is important is that you listen to the speaker carefully.

He forgot what he had to say on the stage.

What is interesting about a picture book is that you can find new elements of the story each time you read it.

The organization's goal is to protect the environment.

My hobby is visiting museums.

Getting enough sleep is good for your health.

Is there anything I can do for you?

□□ 091 山に行くと, 自然の素晴らしさがわかる。

□□ 092 彼は駅までの行き方がわからなかった。

□□ 093 その本を読み直して, その面白さに気づいた。

□□ 094 どちらの道を行けばよいか, 私にはわからなかった。

□□ 095 ふるさとの良さはふるさとを離れて初めてわかる。

□□ 096 パソコンのない生活がどのようなものか, 想像がつかない。

□□ 097 ドアを開けるタイミングがわからなかった。

□□ 098 彼は会議に出席するかどうか娘に尋ねた。

□□ 099 申し出を受け入れるべきだろうか。

If you go to the mountains, you realize how wonderful nature is.

He didn't know how to get to the station.

When I read the book again, I realized how interesting it was.

I didn't know which way to go.

It is not until you leave your hometown that you realize how wonderful it is.

I cannot imagine what it would be like to live without computers.

I didn't know when to open the door.

He asked his daughter if she would attend the meeting.

I wonder whether I should accept the offer.

□□ 100　彼は奨学金のおかげで大学を卒業できた。

□□ 101　その最新の映画を観て私たちはワクワクした。

□□ 102　都合のよい時に, メールを送ってください。

□□ 103　彼の講義は長かったので, 退屈だった。

□□ 104　メコン川(the Mekong)を見ていると感動する。

□□ 105　この本は繰り返し読む価値がある。

□□ 106　空港まで見送ってくれてありがとう。

□□ 107　人間は動物と言語能力の点で異なる。

□□ 108　きっと彼は試験に合格するだろう。

Thanks to the scholarship, he was able to graduate from university.

We were excited to see the latest movie.

Would you send me an email when it is convenient?

His lecture was long, so it was boring.

I'm moved when I'm looking at the Mekong.

This book is worth reading over and over again.

It is kind of you to see me off at the airport.

Humans are different from animals in language ability.

I'm sure that he will pass the exam.

□□ 109 彼が自転車に乗るのは簡単だ。

□□ 110 彼女はその数学の問題を解くのが簡単だと思った。

□□ 111 いつ宇宙が始まったのかは謎のままだ。

□□ 112 科学技術のおかげで, 私たちは快適に暮らせるようになった。

□□ 113 犬が15年生きるのは珍しいことではない。

□□ 114 ここから最寄り駅まで徒歩5分だ。

□□ 115 飛行機でニューヨークまで行くのに500ドルかかった。

□□ 116 大阪から東京までは, およそ500キロ離れている。

□□ 117 まもなく一緒に川へ釣りに行けるでしょう。

It is easy for him to ride a bicycle.

She found it easy to solve the math problem.

It remains a mystery when the universe began.

Technology has made it possible for us to live comfortably.

It is not rare for a dog to live for 15 years.

It takes 5 minutes to walk from here to the nearest station.

It cost me 500 dollars to go to New York by plane.

It is about 500 km from Osaka to Tokyo.

It won't be long before we go fishing in the river.

□□ 118   この薬を飲めば気分がよくなるだろう。

□□ 119   大雨のせいで, 私たちはハイキングに出かけられなかった。

□□ 120   なぜ彼はあんなことを言ったのか。

□□ 121   この写真を見るといつも, 私は学生時代を思い出す。

□□ 122   この美しい景色を見るとふるさとを思い出す。

□□ 123   彼の結婚の知らせを聞いて, 私たちは驚いた。

□□ 124   新聞によると, 首相は来月ベトナムを訪れるそうだ。

□□ 125   勤勉な練習のおかげで, 彼女はバイオリンコンテストで1等賞を
とれた。

□□ 126   ひどい頭痛のせいで, 彼女は一晩中起きていた。

This medicine will make you feel better.

The heavy rain prevented us from going on a hike.

[1] What made him say such a thing?
[2] Why did he say such a thing?

[1] This photograph always reminds me of my school days.
[2] Whenever I see this photograph, I remember my school days.

This beautiful scenery reminds me of my hometown.

The news of his marriage surprised us.

The newspaper says that the prime minister will visit Vietnam next month.

Her hard practice enabled her to win first place in the violin contest.

The severe headache kept her awake all night.

☐☐ 127　イタリアの気候はフィンランドよりも暖かい。

☐☐ 128　アメリカの面積は日本の25倍以上だ。

☐☐ 129　彼はクラスメートたちと遊んでいるときよりも，一人で本を読んでいるときの方が幸せに感じる。

☐☐ 130　この図書館の蔵書は地元の図書館の3倍以上だ。

☐☐ 131　私たちは真実しか言わない人よりも，社交的なウソつきに好意を持つのです。

☐☐ 132　彼女は今朝，いつもよりも30分早起きした。

☐☐ 133　修学旅行は思ったよりずっと楽しかった。

☐☐ 134　沖縄は思ったほど暑くなかった。

☐☐ 135　彼は終電に間に合うよう，できる限り速く走った。

The climate of Italy is warmer than that of Finland.

The U.S. is more than 25 times as large as Japan.

He feels happier when reading a book alone than when playing with his classmates.

This library has more than three times as many books as the local library.

We like a social liar better than a person who only tells the truth.

She got up half an hour earlier than usual this morning.

The school trip was much more fun than I expected.

It was not as hot as I expected in Okinawa.

He ran as fast as possible to catch the last train.

□□ 136　適度な運動ほど健康に良いものはない。

□□ 137　高く登れば登るほど, 気温は低くなった。

□□ 138　入浴ほどリフレッシュできるものはない。

□□ 139　長時間働けば働くほど, 私はますます疲れてしまった。

□□ 140　注意深ければ注意深いほど, 間違いを犯さなくなる。

□□ 141　彼には欠点があるから, その分ますます彼のことが好きだ。

□□ 142　5,000円以上は持っていくべきだ。

□□ 143　先日パーティに来た人は10人未満だった。

□□ 144　今朝, 私は昨日よりもさらに早く起きた。

Nothing is as good for your health as moderate exercise.

The higher we climbed up, the colder it became.

Nothing is as refreshing as taking a bath.

The longer I worked, the more tired I got.

The more careful you are, the fewer mistakes you make.

I like him all the better because he has some faults.

You should take more than 5,000 yen with you.

Fewer than 10 people came to the party the other day.

This morning I got up even earlier than yesterday.

□□ 145 これが, 配達に使っている車だ。

□□ 146 彼は, 泊まるホテルをインターネットで探している。

□□ 147 頂上から見るその町は美しかった。

□□ 148 ペンを忘れました。何か書くものを貸してもらえませんか。

□□ 149 明日コンサートに一緒に行ってくれる人を探しています。

□□ 150 彼は昨年, 中古車を買った。

□□ 151 動物については, 広く支持される考えがある。

□□ 152 言語を習得する最良の方法は, それを何度も使うことだ。

□□ 153 これが明日の会議で話し合う予定の問題だ。

This is the car used for delivery.

He is looking for a hotel to stay at on the Internet.

The town seen from the top of the mountain was beautiful.

I forgot to bring my pen. Will you lend me something to write with?

I'm looking for someone to go to a concert with me tomorrow.

He bought a used car last year.

There is a widely held belief about animals.

The best way to learn a language is to use it many times.

This is the issue to be discussed in the meeting tomorrow.

□□ 154　こちらは私が学生時代によく来た古書店です。

□□ 155　煙突がここから見える家が, 私の家です。

□□ 156　私たちが泳いだ湖は, 有名だ。

□□ 157　私は屋根が赤い家に住んでいる。

□□ 158　自分で意味が分からないような言葉を使わないようにと先生に
　　　　言われました。

□□ 159　彼女は古い寺で有名な京都を訪れた。

□□ 160　私は, テニスをしている彼女の母親と話した。

□□ 161　トムはリリーと結婚したが, 私たちはそれに驚いた。

□□ 162　正直だと思っていた人がうそつきだとわかった。

This is the secondhand bookstore that I often came to as a student.

The house whose chimney you can see from here is mine.

The lake we swam in is famous.

I live in a house whose roof is red.

The teacher told me not to use a word whose meaning I don't know.

She visited Kyoto, which is famous for old temples.

I talked with her mother, who plays tennis.

Tom married Lily, which surprised us.

The person who I thought was honest turned out to be a liar.

□□ 163 ニューヨークは世界中からたくさんの人がやってくる都市だ。

□□ 164 彼が遅刻したことについて挙げた理由は驚くべきものだった。

□□ 165 私たちは, 彼女が生まれ育ったイングランドを訪れた。

□□ 166 あなたが部活をやめる理由を教えてください。

□□ 167 彼がここに来たのは, 彼女にひと目会いたかったからである。

□□ 168 宇宙旅行ができる日もまもなく来るだろう。

□□ 169 そういうわけで, 彼は飲酒をやめた。

□□ 170 こうして彼女は, 数学の問題を解いた。

□□ 171 正直が報われない場合もある。

New York is a city where lots of people from all over the world come.

The reason which he gave for being late was surprising.

We visited England, where she was born and raised.

Tell me the reason why you're going to quit the club.

The reason why he came here was that he wanted to get a glimpse of her.

The day will soon come when we can travel in outer space.

That is why he gave up drinking.

This is how she solved the math problem.

There are cases where honesty doesn't pay.

□□ 172 彼は修学旅行の目的地が変更されるといううわさを耳にした。

□□ 173 彼には毎朝公園を散歩するという習慣がある。

□□ 174 私たちは, 先生が学校をやめたという知らせに驚いた。

□□ 175 川が汚染されているという問題に対処しなければならない。

□□ 176 現在, 世界の多くの言語が失われたり, 大幅に変わってしまったりしているという報告があります。

□□ 177 その国の経済が衰退しているという事実をだれも無視できない。

□□ 178 彼女が試合に勝つ可能性は十分にある。

□□ 179 弁護士は, 彼が無実であるという証拠を見つけた。

□□ 180 彼は留学すべきかどうかわからない。

He heard a rumor that the destination of the school trip would be changed.

He has the habit of walking in the park every morning.

We were surprised at the news that our teacher quit school.

We should tackle the problem of the pollution of the river.

Today there are reports that a lot of languages in the world have been lost or greatly changed.

No one can ignore the fact that the economy of the country is declining.

There is a good chance that she will win the game.

The lawyer found evidence that he is innocent.

He has no idea whether he should study abroad.

□□ 181 今朝, 病院に行った。ひどい頭痛と微熱があったからだ。

□□ 182 彼女がピアノコンテストで1位をとったのは, 一生懸命練習したからだ。

□□ 183 彼女は今朝学校に遅刻した。なぜなら, 7時の電車に乗り遅れたからだ。

□□ 184 私はその計画に反対だ。1つの理由は, みんながそのイベントに参加できるわけではないからだ。

□□ 185 日本人はむかしは, 楽しみを持つことを罪悪のように考えていました。それはその楽しさにひかれて, 働いたり勉強したりすることを怠けるようになるからでしょう。

□□ 186 電子書籍が普及したからといって, 紙の本が不要なわけではない。

□□ 187 私たちが山に登るのを途中であきらめたのは, 1つには天候が悪かったからだ。

□□ 188 彼はとても一生懸命勉強したので, 試験で最高点を取った。

□□ 189 彼女はとても疲れていたので, それ以上歩くことができなかった。

This morning I went to the hospital. This is because I had a terrible headache and a slight fever.

The reason why she took first place in the piano contest was that she had practiced hard.

She was late for school this morning. This is because she missed the 7:00 train.

I'm against the plan. One reason is that not everyone can participate in the event.

Japanese people once saw having fun as evil. This might be because people enjoy themselves and begin to neglect their work and studies.

Just because e-books have become common, it doesn't mean that you don't need paper books.

We gave up trying to climb the mountain on the way partly because of the bad weather.

He studied so hard that he got the best score on the test.

She was too tired to walk any more.

□□ 190 目的地に時間通り到着できるよう, 彼は地図を買った。

□□ 191 赤ん坊を起こさないよう, 彼女は音を立てずに歩いた。

□□ 192 彼らは, ゲストが快適に過ごせるよう部屋を掃除した。

□□ 193 彼女は舞台の上で緊張しないよう, 何度も練習した。

□□ 194 連絡が取りやすいように電話番号を教えておきますね。

□□ 195 この道路工事の目的は, 渋滞を減らすことだ。

□□ 196 彼は建築学を学ぶためシカゴに渡った。

□□ 197 貧しい人々を救うため, 政府は新政策を打ち出した。

□□ 198 言語学習は目的に対する手段に過ぎないと言う人もいる。

He bought a map so that he could arrive at the destination on time.

She walked quietly so as not to wake up the baby.

They cleaned the room so that their guest could stay comfortably.

She practiced many times so as not to get nervous on the stage.

I'll tell you my phone number so that you can get in touch with me easily.

The purpose of this road construction is to reduce traffic jams.

He went to Chicago for the purpose of studying architecture.

The government adopted a new policy with a view to helping poor people.

Some people say that language learning is just a means to an end.

□□ 199　彼女は，子どもたちがついていけるくらいゆっくり歩いた。

□□ 200　頂上からの景色は言葉では言い表せないほど見事だった。

□□ 201　彼は，私にも理解できるくらいのゆっくりとした英語を話してくれた。

□□ 202　このコーヒーは飲めないほど熱いわけではないですよ。

□□ 203　あの先生は早口すぎて，何を言っているのか誰にも分からなかった。

□□ 204　メアリーはとても親切な人なので，みんな彼女のことが好きだ。

□□ 205　痛みは大変なものだったので，彼は立ち上がれなかった。

□□ 206　お金と同じように，時間は慎重に使わないと失われる。

□□ 207　他の動物とは違い，人間は言語を使って他者と意思疎通をする。

She walked slowly enough for the children to follow her.

The view from the summit was too wonderful to describe.

He spoke English slowly enough for me to understand it.

This coffee isn't too hot to drink.

That teacher spoke too fast for anyone to understand what he was saying.

Mary is such a kind person that everyone likes her.

His pain was such that he couldn't stand up.

Like money, time is lost unless you use it carefully.

Unlike other animals, human beings communicate with others using language.

☐☐ **208** 雨が降っているにもかかわらず, 彼は出かけた。

☐☐ **209** 彼女はどれほど疲れていても, 必ず早起きをする。

☐☐ **210** この部屋は狭いが快適だ。

☐☐ **211** どれほどお金を持っていても, 必ずしも幸せだとは限らない。

☐☐ **212** 君がどんなにがんばっても, 彼の決心を変えるのは無理だと思うよ。

☐☐ **213** 何が起こっても, 計画を実行するつもりだ。

☐☐ **214** どんな状況にあっても, 冷静でいたい。

☐☐ **215** どちらの道を選んでも, 彼はきっとうまくいくだろう。

☐☐ **216** コーチに助言をもらったにもかかわらず, 彼女は試合に勝てなかった。

Although it was raining, he went out.

No matter how tired she is, she always gets up early.

This room is comfortable, although it is small.

No matter how much money you have, you aren't necessarily happy.

I think you can't change his mind no matter how hard you try.

Whatever may happen, I will carry out the plan.

Whatever situation I'm in, I'd like to stay calm.

Whichever way he may choose, he is sure to be successful.

In spite of her coach's advice, she couldn't win the match.

☐☐ 217 もし私があなたなら, その申し出を受け入れるだろう。

☐☐ 218 もっと早く出発していたら, 8時の電車に乗れただろうに。

☐☐ 219 もしタイムマシンがあれば, あなたは何をしますか。

☐☐ 220 昨日宿題を終わらせていたら, その映画を観に行っただろうに。

☐☐ 221 彼女の助けがなかったら, 彼は今の仕事を見つけられなかっただろう。

☐☐ 222 彼が宿題を手伝ってくれたらなあ。

☐☐ 223 学生の頃, もっと一生懸命勉強していたらなあ。

☐☐ 224 水がなければ, 私たち人間は生きられないだろう。

☐☐ 225 彼ならばそんな愚かなことは言わないだろう。

If I were you, I would accept the offer.

If I had left earlier, I could have caught the 8:00 train.

If there were a time machine, what would you do?

If I had finished my homework yesterday, I would have gone to the movie.

Without her help, he couldn't have found his current job.

I wish he would help me with my homework.

I wish I had studied harder when I was a student.

Without water, we humans couldn't survive.

He wouldn't say such a foolish thing.

ここまで読んできた皆さん，本当におつかれさまでした。今，頭の中に英作文の知識がいっぱい詰まっている状態ではないでしょうか。

そこで，本書を終えた皆さんにやってほしいことがあります。それは，「学んだ内容を定着させること」と「実戦演習をすること」です。これまで学習した内容をざっとでいいので見直してみてください。時間がない時は，自分の苦手とする表現だけでも十分です。その際は，ぜひ巻末の「合格する英作文を書くためのキーセンテンス 225」のコーナーを活用してみてください。

見直しが終わったら，あとは実戦あるのみです。志望校の過去問などに挑戦し，本書で学んだ内容を使ってみてください。「ここはあの表現が使えるな」とか，「ここは間違いやすいところだから注意が必要だ」など，本書で学んだ内容を思い出しながら，また，基本表現を使いながら，英作文を書いてみてください。

ぴったりの基本表現がない場合は，「LESSON 00」で学んだ発想法を使って乗り切りましょう。こうして，基本表現を覚えて，それを使う練習をしていくと，「与えられた日本語さえわかれば，どんな英文でも書ける」状態になることができます。そこを目指して，実戦演習をしてみてください。

「どんな英文でも書ける」ということは，入試本番はもちろんのこと，その後も一生使えるスキルになるはずです。本書で学んだ皆さんが，志望校合格に一歩でも近づいてくれたら，著者としてこれほどうれしいことはありません。皆さんのさらなる飛躍を祈っています。

この本を世に出す機会をくださり，企画段階から最終段階まで常に一緒に考えてくださった Gakken の田中宏樹さん。英文の校閲と英語の運用面での有益なアドバイスをくださったキャサリン・A・クラフト先生。カバー，本文の素敵なデザインをしてくださった chichols の山田知子さん，門倉直美さん。日頃からさまざまな疑問や相談を持ってきてくれる生徒の皆さん。いつも支えてくれる家族。皆さんのおかげで，この本を世に出すことができました。ありがとうございます。

宮 下 卓 也

著者

宮下卓也
TAKUYA MIYASHITA

河合塾講師。東京大学卒業。高校1年生〜3年生から既卒生まで，基礎クラスから最難関クラスまで幅広く指導するほか，河合塾の講座テキスト作成チーム・全国模試作成チームのメンバーとして教材や模擬試験の作成にも力を入れている。さらに学習法講演会での講演など，活動は多岐にわたっている。構文を重視した論理的な授業は，「とにかくわかりやすい」「実際に成績が上がる」と評判で，毎年数多くの受験生を合格に導いている。『読み方と解き方がはじめからわかる16のレッスン 英語リーディングRe: BOOT』『聞き方と解き方がはじめからわかる10のレッスン 英語リスニングRe:BOOT』（共にGakken），『英語長文プラス 速読トレーニング問題集』『英語長文プラス 記述式トレーニング問題集』（共に旺文社），『大学入試 英文法Eureka!』（かんき出版），『単語を覚えたのに読めない人のための 英文読解のオキテ55』（KADOKAWA）など著書多数。

英文校閲

Kathryn A. Craft

編集協力

日本アイアール株式会社
エデュ・プラニング合同会社

データ作成

株式会社四国写研

ブックデザイン

山田知子＋門倉直美
（chichols）